普华文化
PUHUA BOOKS

我们一起解决问题

如何拥抱一只刺猬 2

你是谁就会遇到谁

段鑫星 吕凯淇 谢幸福 著

人民邮电出版社
北 京

图书在版编目（CIP）数据

如何拥抱一只刺猬. 2，你是谁就会遇到谁 / 段鑫星，吕凯淇，谢幸福著. -- 北京 : 人民邮电出版社，2023.9（2024.5 重印）
ISBN 978-7-115-62408-6

Ⅰ. ①如… Ⅱ. ①段… ②吕… ③谢… Ⅲ. ①恋爱－通俗读物②婚姻－通俗读物 Ⅳ. ①C913.1-49

中国国家版本馆CIP数据核字(2023)第144156号

内容提要

是什么阻止了真爱向前一步的勇气？是什么让爱总在徘徊犹豫中消失在风中？是什么让两个相爱的人始终逃避彼此？是什么妨碍了我们为爱前行的脚步？明明是一个思维清晰明朗的人，为什么还会拥有“恋爱脑”？

单身的模式有很多种，本书选择了其中最常见的九种与大家共同面对，并且围绕每一种单身模式介绍了一个以该种单身模式者为主人公的故事。通过本书，读者可以学习在亲密关系中各个单身模式者会有什么样的表现和感受；他们幻想与之共同进入亲密关系的对象会有什么样的表现和感受；他们为什么会有这些表现；他们应该如何迈出第一步。本书期待每个希望进入亲密关系的人可以为爱找到出路。

此外，针对每一种单身模式，作者都精选了一部影视剧作品，为读者深入理解该单身模式提供了参考资源。

本书适合所有憧憬进入亲密关系而不知如何迈出第一步、在恋爱关系中遭遇问题而感到焦虑的人，能够帮助读者了解自己，理解恋人，懂得爱情。

◆ 著 段鑫星 吕凯淇 谢幸福
责任编辑 姜 珊
责任印制 彭志环
◆人民邮电出版社出版发行 北京市丰台区成寿寺路 11 号
邮编 100164 电子邮件 315@ptpress.com.cn
网址 https://www.ptpress.com.cn
三河市中晟雅豪印务有限公司印刷
◆开本：880×1230 1/32
印张：9 2023 年 9 月第 1 版
字数：150 千字 2024 年 5 月河北第 5 次印刷

定 价：59.80 元
读者服务热线：（010）81055656 印装质量热线：（010）81055316
反盗版热线：（010）81055315
广告经营许可证：京东市监广登字20170147号

前　言

爱情里藏着依恋与认同

《如何拥抱一只刺猬 2：你是谁就会遇到谁》是《如何拥抱一只刺猬：恋爱与婚姻中的人格识别、接纳与付出》的姊妹篇，上一本书我们探讨了亲密关系中的人格模式，这一本书，我们将通过成年人的依恋模式来理解成年人的亲密关系，从安全与非安全的依恋模式出发去探索自我的边界，帮助正在探索亲密关系的人拓展并了解自己的视角，破解亲密关系的密钥。

你的爱情，藏着你的依恋与认同。

心理学家弗洛伊德曾说过：“成年人的行为可以从他儿时找到痕迹。”同样，成年人的亲密关系中藏着他们童年时的依恋。从鲍尔比的儿童依恋理论，发展到后来广为人知的成人依恋理论，比较有广泛影响力的是心理学家哈赞和谢弗于 1987 年提出的四类模式，该模式以对自我和他人的内部工作模型的积极和消极程度为基础，将成年人的依恋关系分为四种。

焦虑程度，即当面对恋人的时候，第一反应是悲观多一些还是平静多一些；回避程度，即面对恋人的时候，意识中要逃避的程度是多少。根据排列组合，即可得到以下四种依恋人格：

焦虑程度低 + 回避程度低 = 安全型

焦虑程度高 + 回避程度低 = 痴迷型

焦虑程度低 + 回避程度高 = 回避型

焦虑程度高 + 回避程度高 = 恐惧型

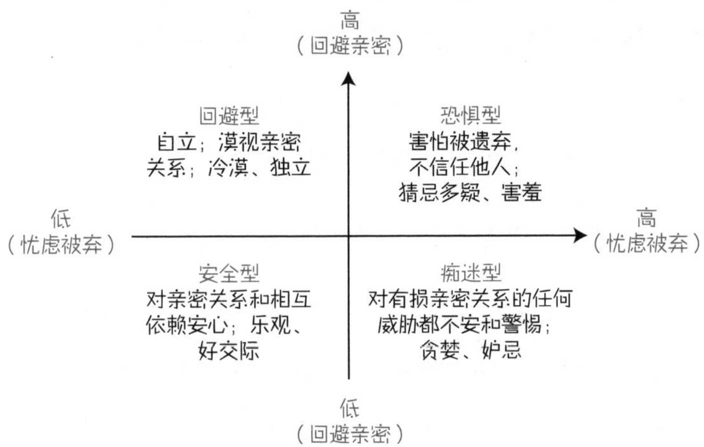

成人依恋模式

1. **安全型依恋**（secure）。此类依恋者认为自己是值得被爱的和有价值的，他人也是值得爱和信任的，对自己与恋人的态度都是积极的。

2. **痴迷型依恋**（preoccupied）。此类依恋者认为自己是不值得被爱和没有价值的，但是他人是可接受的，这种类型的个体总是在努力赢得他人的接纳，并以此摆脱消极的自我评价，他们对他人的态度更为积极。

3. **恐惧型依恋**（fearful）。此类依恋者对自己和他人的态度都是消极的，这种类型的个体可能会因为害怕他人的拒绝而避免与他人发生联结。

4. **回避型依恋**（dismissing）。此类依恋者对自己的看法相对积极，认为自己是有价值的，但是认为他人会拒绝自己，这种类型的个体会通过避免与他人发生联系以保护自己不受伤害。

其中，后三种类型属于不安全依恋模式。有很多研究验证了婚恋依恋模式在人口中的分布与早期婴儿依恋模式的分布有一致性，这类研究结果也验证了依恋行为的普遍性和稳定性。童年的依恋模式会直接影响成年后的依恋关系。

- 对于安全型依恋的个体而言，在婴儿时期，他们对外界作出的一系列反应，父母都会给予回应，内心需要能够得到满足。在父母离开的时候，他们会伤心，但是相信父母是不会抛弃他们的，是会回来的。这类依恋模式的婴儿在长大后，在对待恋情时，他们不会疑神疑鬼，他们十分信任自己的恋人，会在一段关系中感到有安全感，不担心也不怕另一半会抛弃他们。对于恋人之间做出的亲密动作，如拥抱、亲吻，等等，他们不会抗拒。**安全型依恋人格是 4 种人格中最适合经营恋人关系的，拥有此类人格的在恋爱时会营造最理想的亲密关系状态。**

- 对于痴迷型依恋的个体而言，在婴儿时期，他们害怕父母会随时抛弃他们，当妈妈离开的时候，他们极度恐惧和害怕；当妈妈回来的时候，他们会表现得很开心，但同时又会发泄愤怒来惩罚父母的离开。痴迷型依恋的人在开始一段恋情的时候，会快速和另一半进入状态，但容易患得患失，没有安全感，脑海里总会冒出一个想法：**"他最近对我冷漠了，他是不是不爱我了？他是不是爱上别人了？"**就像有些情侣，因为另一半没有及时回信息，他们可以疯狂到一个晚上打几十个电话过去。他们以爱的名义，牢牢占据另一半的大部分时间，压得对方喘不过气来，不给对方留一点隐私空间，两人之间一点信任都没有，他们以为只有这样，另一半才不会离开他们，他们害怕那种被抛弃的感觉。**痴迷型依恋的女性比男性多。**

- 回避型依恋也被称为疏离型依恋，对于这类人而言，他们在婴儿时期没有得到父母关爱的满足，父母对他们自我诉求的回应也是忽冷忽热，反复无常。久而久之，婴儿就把情感需求压抑在内心，不向父母表达，对于父母的离开和返回，其反应都是冷漠的。**回避型依恋的人性格独立，有清晰的自我认知，不依赖他人，拒绝和他人靠近，讨厌亲密关系。**和回避型依恋人格的人谈恋爱，你会感觉和没谈恋爱的时候没有区别，他们在一段感情中表现出的行为和态度是很平淡的，甚至是很冷漠的。回避型人格不是不需要被爱，相反他们内心非常渴望被关心和疼爱，只是被自己掩藏了起来，他们常常告诉自己："不行，我不能在这段关系中陷得太深，我不需要别人爱我，我只要自己爱自己就可以了。"于是，一个名词出现了——"渣男 / 女"。回避型依恋的人，他们可以在结束一段关系后，心安理得地又迅速爱上了别人。**通常，回避型依恋的男性比女性多。**

- 对于恐惧型依恋的人而言，他们在婴儿时期内心充满矛盾，一方面，他们渴望得到父母的爱，当父母离开时，他们会很害怕；另一方面，对于父母表达爱时的亲近，他们选择回避，拒绝亲密。他们长大后在亲密关系中的状态是：**我很喜欢你，但是当我发现你也喜欢我的时候，我好像就不那么喜欢你了，甚至讨厌你。**和恐惧型依恋的人交往，是一件很痛苦的事情。上一秒他对你爱得死心塌地，下一秒他就莫名其妙地对你发火，叫你离开。他们面对一段恋情的时候，常常伴随着很强的焦虑感，他们害怕另一半离开，但是当另一半试图亲近他们时，他们又对另一半表现出极强的排斥反应，冷漠处理，这样的心理是很矛盾的。

安全型依恋的人适合和另一个安全型依恋的人交往，无论恋爱还是分手，都会风平浪静；回避型依恋的人和痴迷型依恋的人往往会相互吸引，但又相互折磨，他们爱并痛苦着，一个是疯狂逃避，另一个则是疯狂追赶；最后，恐惧型依恋的人，一般存在很不健康的心理状态，如果他和其他 3 种依恋人格的人交往，那么结果大多会不太完美。

九类单身模式，你是哪一种

《如何拥抱一只刺猬 2：你是谁就会遇到谁》想与那些在爱

河边徘徊的人，一起探讨：

是什么阻止了我们遇到真爱时向前一步的勇气？

是什么让爱总在徘徊犹豫中消失在风中？

是什么让两个相爱的人始终逃避彼此？

是什么妨碍了我们为爱前行的脚步？

明明是一个思维清晰明朗的人，为什么还会拥有“恋爱脑”？

单身的模式有很多种，我们选择其中常见的九种与大家共同面对，期待大家可以为爱找到出路。

1. 契可尼式单身

契可尼式[①] **单身属于理想化投射，他们把对爱情的所有幻想都投射给初恋，他们的初恋满足了其对美好爱情的所有幻想。**他们时不时陷入对初恋的美好回忆中，以百分百的纯度来衡量

① 契可尼式单身来源于契可尼效应（Zeigarnik），该效应由西方心理学家契可尼提出，是指人们对于尚未处理完的事情比已处理完成的事情印象更加深刻。

日后的恋爱，走不出初恋的心理幻影，也无法开启新的生活；或许因为他们在初恋时太过年轻，不懂爱情，爱得太过用力，消耗太多，无以补给，导致情感匮乏无法开启新的恋情，把自己困在失去的初恋中，并认为那是心中永远的完美或者永远的痛。对他们而言，那种至真至美或至伤的纯粹感情的失去，使他们对再一次获得感情这件事没有足够的信心。

这类人通常追求完美的爱情，把初恋完美化，而且在失恋后再次美化初恋，他们心中爱着的已经不再是这一真实世界的人，而是经过他们多次加工活在他们心中的完美恋人。鲜花会枯萎，但活在想象中的爱永远不会凋零。他们用心中的幻影代替了现实，缺乏与现实的联结。

契可尼式单身的脱单指南是：契可尼式单身的人需要走出这个自我循环论证的迷宫，打破完美初恋的玻璃滤镜，从水中月镜中花走入现实世界，先看到真实的世界，与真实的世界联结，再看到真实的自己，慢慢打开自己的世界。**契可尼式单身的人是一只活在完美想象中的刺猬，当他们卸下刺猬身上的迷幻时，他们才会被另一只真实的刺猬吸引。**

他们的人格类型可能是完美型人格，也可能是回避型人格，也可能是低冲突高认同型人格。他们的依恋模式可能是痴迷型、

回避型或者恐惧型。

2. 迷茫式单身

这类单身往往属于“自我投射”，他们的模式并不固定也并不相同，“母胎单身”既是状态也是结果。他们也许并没有开启对爱情的积极的自我探索，比如，他们不知道自己的独特吸引力与魅力在哪里、自己会吸引什么样的人。他们茫然、不知所措，在岁月流转中成为自己。他们也许从未遇见过爱情，也许将爱情挡在了门外，认定没有爱情就没有伤害。他们也许从未体验过爱情的甜美，就悄悄地关上了心门，他们的人格中包含恐惧、焦虑与迷惑，因此他们不愿意向前一步与其他人建立亲密关系。他们的依恋模式也许过于安全；他们背后隐藏着自己的安全型依恋人格；他们也许遇见的人都不对，或许总是被伤害，为避免被伤害，也就避免了爱。他们也可能是回避型人格，因为害怕受伤而拒绝向前一步。

迷茫式单身的脱单指南是：迷茫式单身的人如果想要走出这个自我闭合的圈层，**要做的第一步便是先破壳，向前一步，走出安全舒适区，勇敢接受爱情的风浪洗礼；第二步便是再探索，向内觉察“我最想要什么”来进行爱情清单排序。**最好的生活状态不过就是：一个人，安静而丰盛；两个人，温暖而踏实。习惯于单身如同习惯于孤独，迷茫式单身的人是一只孤勇的刺猬，可以伸出头来，勇敢追寻，找到另一只刺猬相依相伴。而他们存在于四种依恋模式之中。

3. 错过式单身

这类单身属于“怀旧式认同”。“好时光永远是旧时光，最好的恋人永远躺在失去的过去中”，最好的永远是前任，恋人永远是旧的好，现任总是差那么一点点，而这一点点却是永远过不去的坎儿，他们处于一种自我比较与患得患失中。他们可能是痴迷型人格，也可能是疏离型人格，他们过度留恋过去而无法感受当下的幸福。

他们缺乏的永远不是爱的能力，而是把握爱的能力，他们在亲密关系中往往会因为患得而患失，所以他们对握在手中的永远都不珍惜，而认为错过的永远都是最好的，他们的人格特点多为迷恋过去。

错过式单身的脱单指南是：不再回头，回头无岸，向前有路，只要记得向前走就好！错过式单身的人是一只一直活在旧时光中穿旧衣过新年的刺猬，他们可以把旧衣扔掉，更换新衣，遇见新人，欢喜就在当下，结伴就在灯火闪亮处。

他们往往具有高冲突人格特点，比如，自我内心的冲突、追求完美与自恋的人格特点。

4. 纠结式单身

这类单身属于“冲突式认同”，他们一直在寻找情感关系中的最优解，以及恋爱中的正确率与准确率，内心的完美主义与寻找生活最优解的状态使自己困在其中，却总是得非所愿，患得患失。这类人既留恋富士山深处的樱雨雪光，又畏惧随时喷薄而出的炽热岩浆。

这类个体本质上缺乏安全感，外在看似独立，内心却对恋人充满期待，总期待在恋人身上寻找自己缺失的部分，又看不到自己身上的刺，却总想从对方身上找到自己丢失的小刺，重组成一只完美的刺猬，在寻找的过程中，却往往会迷失。

纠结式单身的脱单指南是：先看缺点，再看特点，最后锁定优点，多听建议，快拿主意，从患得也患失中进行得失取舍，最终获得自己想要的幸福。纠结式单身的人是一只左顾右盼、拿不定主意的刺猬，此刻多扪心自问，那份答案自在其中。他们往往属于恐惧型或痴迷型依恋。

5. 沉浸式单身

这类单身属于“自我陶醉式认同”，他们喜爱单身与单身生活，既不患得也不患失。从未得到就无所谓失去，内在自我是：得之我幸，不得我命。他们把爱情作为生活中的锦上添花而非生活必需，这种自在随性、心不在焉的态度会放逐爱情。

沉浸式单身的脱单指南是：这类个体具有清醒的自我认识，具有独立人格。对于他们来说，爱情是锦上添花，不是生活必需品。他们看起来不缺乏自我认知，只需要在爱情面前向前一步！只要他们更加开放包容，爱情之花就会盛开。

这是一只自由绽放小刺的刺猬，期待那只可以开放包容的刺猬快快抵达！这类单身的依恋模式是安全的，只是此刻，他们完全没有投身于恋爱这件事中！

6. 自恋式单身

这类单身是“自我迷恋式认同”，因为太爱惜自己的羽毛，相比其他人，他们更爱自己，因此他们在爱情中拥有极强的心理优越感与优势感，在爱情中感觉自己一直在失去，而对方一直在得到。他们总是在想，闪闪发光的自己永远是那么优秀，又不缺爱，为什么始终单身？自恋型人格的人往往会潜意识地贬低他人，而在爱情中，他们往往也会贬低恋人，让恋人总在比较中失序。他们往往是安全型依恋的人。

自恋式单身的脱单指南是：**这类个体从不缺乏爱情，而是缺乏在爱情中的付出，**他们需要的是从恋人眼睛里看到世界、看到自己，从恋人的镜像中映射出自己，减少自恋，这类人就会成为幸福恋人。从表面上看，他们似乎表现出极强的安全感，事实上，他们往往属于痴迷型依恋。

7. 悬置式单身

这类单身属于“卡顿式认同”，对于悬置式单身者而言，向上寻找与向下兼容都很不容易，于是就卡在中间。他们在亲密关系中的特点是：过于清醒或者过于冷静，往往处于高不成低不就的状态，友情之上，爱情未满，对于爱情他们表现得并无标准，却处处都充满着自我要求，这类个体可能表面上属于自洽型人格，但他们自我恋爱人格的探索并未有实质性的启动，只是在爱情的边缘游移，像一只一直在寻找丢失的另一半的刺猬，遇到的都不是合适的，合适的在哪里他们并不知道。

悬置式单身的脱单指南是：对于这类个体，深入地探索自我，知道自己在爱情中要什么，从盲目到清晰，从随缘到随心，就会遇到真正契合自己的爱情。他们的依恋模式往往也是看似安全，实则充满冲突。他们往往属于恐惧型与痴迷型依恋。

8. 社恐式单身

这类单身属于“回避型认同”。村上春树说：“哪有人喜欢孤独，不过是害怕失望罢了。”这类个体其实内心是最渴望爱情的，只是因为回避型依恋人格，让他们始终与爱隔着一层纱。有“社交恐惧症”的人，在面对社交场景时会感到不适，害怕陷入尴尬境地以及被人评判，他们除了有心理上的紧张不安，还会伴有脸红、发抖、心跳加速、不敢对视等表现。

因为“社恐”，所以单身。值得关注的是，有时候“社恐”也仅仅是托词，不喜欢才是真话。从认知心理学的角度来看，“社恐人”的心理活动可以被称为认知加工偏差。社交恐惧症往往与认知加工偏差有关，比如，他们在面对社交人群时会夸大负面结果出现的可能性，或者对模棱两可的情况做出消极的解释。

社恐式单身的脱单指南是：突破单身就是需要有冒险一试的勇气，尽管害怕，依然向前。社恐人的心理加工模式是回避型的。他们把自己的刺紧紧地收拢在一起，从不向前。他们是一只把刺深深隐藏的刺猬，当遇到温柔而坚定的爱时，会慢慢靠近。

请“社恐人”向前一小步，幸福一大步！如何迈出这一步，本书会给出有效的方法！

9. 虚拟式单身

这类单身属于“偶像投射式认同”，他们把爱情完全投射在自己内心的偶像身上并且通过追星获得幸福感。他们在自己与偶像想象的爱情中沉醉，把偶像想象得完美而且不可替代，十里春风，不及自己心中的偶像好。

虚拟式单身的脱单指南是：这类单身群体，首先要从痴迷与沉浸式的偶像崇拜与偶像完美想象中走出来，通常他们需要完成从偶像那里“获得”他们的自我价值到真正认识到自己的价值的认知过程，偶像是谁不重要，重要的是自己是谁。当能够进行自我价值确认时，他们心中偶像的完美光环自然会脱落，自己也会回归正常的生活。他们身上的刺是隐形的，当他们把自己的小刺真正亮出时，也许就迈出了生活的一大步！

这本书并非劝大家赶紧“脱单”，而是尝试从两性视角来理解我们当下的状态。这本书可以帮助我们更好地认识自己，提升爱情品质，爱情不是雪中送炭，而是锦上添花；爱情是借着爱，成就更好的自己！

最后，我要对关心刺猬一书的读者朋友们道一声真诚的感谢，正是你们对《如何拥抱一只刺猬：恋爱与婚姻中的人格识别、接纳与付出》的认可，才让我更有动力开启《如何拥抱一只刺猬 2：你是谁就会遇到谁》的写作；特别鸣谢插画师朱子怡、愚公子，他们为本书创作了栩栩如生的插画；感谢为本书写作提供素材的吕凯淇、谢幸福、李文文、翟雅楠、李昕、李尧华；感谢姜珊、马妍姝为本书的出版倾心倾力地付出。

本书还有惊喜，如果你喜欢，就慢慢拆解！随着书，慢慢体会！

目　录

第 1 章
契可尼式单身

“你为什么单身？”

“曾经拼尽全力地爱过一个人，感觉自己的感情被透支了。”

第 2 章
迷茫式单身

"我为什么单身？"
"看似对爱情云淡风轻，实则迷茫无助。"

第 3 章 错过式单身

“你为什么单身？”
“失去的爱永远是最好的。”

第 4 章
纠结式单身

“你为什么单身？”
“我对恋爱有理想主义倾向。”

第 5 章 沉浸式单身

“你为什么单身？”

“因为我自己太有意思了，不太需要他人陪伴。”

第 6 章
自恋式单身

“你为什么单身？”
“太爱自己，没办法爱别人。”

第 7 章
悬置式单身

“你为什么单身？”

“不敢追自己心动的人，又看不上喜欢自己的人，可能是缘分未到吧。”

第 8 章
社恐式单身

"你为什么单身？"
"为避免结束，我拒绝开始。"

第 9 章
虚拟式单身

“为什么要喜欢一个那么遥远的人啊？”
“因为 TA 在发光啊。”

单身模式画像 1——契可尼式单身

1. 你给了我全世界的阳光，之后我的世界不再阳光灿烂；
2. 你把我丢在路上，我已经无法前行；
3. 我把满满的爱都给了你，从此我失去了爱人的能力。

相册

第 1 章

契可尼式单身

契可尼式单身群体总是对初恋念念不忘，无法再投入地爱一次。初恋的影子总是在他们身边呼之即来，挥之亦不去。

"你为什么单身？"

"曾经拼尽全力地爱过一个人，感觉自己的感情被透支了。"

案例：人生若只如初见

初恋未修成正果，一生都会牵挂。初恋的美好在于这个"初"字，初尝爱情的我们都天真地以为这段感情会是意料中的一生一世，结果却往往是戛然而止。让这段感情止于美好，却又在之后的日子里始终念念不忘。

心理学上把这种现象叫作契可尼效应：人对于没有完成的感情，总是有很深的执念。

晓杰是一位知名物流公司的经理，一表人才

的他性格外向开朗，工作认真负责，身边的领导同事对于他的终身大事都非常上心，介绍给他的女孩个个条件优秀，可晓杰每次都是笑着说："我还想再多为公司服务几年，不急结婚的事情！"可只有晓杰自己知道，他只是对于自己爱情戏码的未完情节耿耿于怀罢了。那是晓杰的初恋，一段持续了 4 年却无疾而终的感情。他们在大一相识，同样的兴趣爱好让晓杰与阿香之间的关系愈发亲密；大二相恋，每天都希望能够和对方腻在一起；大三相伴，晓杰与阿香定了同一所目标院校，决定一起考研。从火热的夏到寒冷的冬，那些共同为理想奋斗的日子过得很有"奔头"。阿香比晓杰的学习基础扎实，她花费了更多的时间为晓杰答疑，但阿香也从未有过怨言。到了考研分数公布的那天，晓杰"上岸"了。可阿香却发挥失常，落榜了。出身单亲家庭的阿香挣扎了很久，最后还是选择毕业后回到母亲的身边，并向晓杰提出了分手。晓杰对于这个结果完全无法接受，美好的爱情败给了现实，虽然他争取了很久，但是阿香并没有改变心意，四年的美好终究没有熬过毕业时的分手。

研究生期间，对晓杰有意的女生不止一个。可是每当他尝试和其他异性接触时，原来与阿香相处的画面就会不断地浮现在晓杰眼前。晓杰的每一场篮球比赛，阿香都会在场下为他加油；而阿香每一次在学校上晚课，走出教学楼都会看到晓杰等待的身影。每一次的争吵都会以一个紧紧的拥抱化解……在新的校园仿佛哪里都是阿香的影子，但是人却已经被自己弄丢了。毕业后的晓杰开始投身于工作，他收获了同事的称赞、领导的赏识，但称赞的人里唯独少了他最想分享喜悦的阿香，没有大学时候阿香的鼓励和帮助，怎么可能有现在的自己？都过去 4 年了，自己为什么还是没有忘记，习惯真的这么难改变吗？逛街时路过甜品店，就会想去问店员有没有她最喜欢的草莓蛋糕；不论换了多少个钱包，里面都永远放着两个人纪念日拍的合照；今年的初雪来得很早，可再也见不到那个惊喜到活蹦乱跳的她了；她的身边是不是已经有了新的他，毕竟像她这么优秀的女生，应该有很多人喜欢吧……后来，晓杰从朋友的口中了解到阿香在老家已经结婚生娃了，原来有情只能“喝饱”自己，阿香已经昂首阔步继续自己的人生了，而自己，却还沉浸在过去。

也许对于晓杰而言，忘不了初恋，其实不是忘不了阿香，而是忘不了那个年少的自己、那种朦胧的感觉和那段美好的时光。这段未完成的感情成了朱砂痣一般的遗憾，也成了晓杰的“意难平”，剪不断、忘不掉。

爱情交响曲第一乐章的绝唱

每个人的心底大都住着这么一个人，这个人可能随着时间的漂移慢慢被我们忘记容貌、忘记两人相处的细节，但是那种小鹿乱撞的内心、那种对视后的躲闪、那种欲言又止的吞吐，却总是会让不断成长的我们去回味、去怀念。为了这一段初恋，我们付出全部的爱、全部的懵懂，毫无保留，轰轰烈烈。在爱情过去后，为什么人们总是怀念着曾经的初恋呢？我们可以从本章主人公晓杰身上窥知一二。

人们往往习惯了圆满，所以“遗憾”才让人印象深刻。契可尼式单身，其实类似于很多人青睐的“BE美学”（对悲剧的爱好），文学作品和影视作品的男女主人公因为各种原因没有迎来大团圆结局，留下了一个个“意难平”的故事。“人永远需要证明爱情可以永恒。”在这个故事里，晓杰和阿香，在最美好的年华相遇，拥有着最刻骨铭心的爱情。在青春懵懂时，同样的兴趣爱好、同样的奋斗目标、校园生活朝朝暮暮的陪伴，过去的时光已经深深镌刻了两个人的名字。那些青春时期的少男少女啊，总是拼了命地对恋人好，人到中年后回顾看似幼稚却再也回不去的纯真承载了多少人的怀念，忘不掉的可能并不是那个人，而是当时的自己，当时为了美好年华而奋斗的自己。

比“我不爱你了”更让人遗憾的是“我没法继续爱你了”。在部分人“分手即仇人”的大环境下，晓杰与阿香，不是因“不爱”而分手的分手总是带了些遗憾的色彩。在晓杰事业有成、同事关系融洽、多人青睐的时候，内心的这个遗憾再次浮现出来。“如果曾经有你，那么再没有他人”。阿香在晓杰心中就像一个标杆，作为衡量之后的恋爱的参照物，每当他尝试和其他异性接触时总会又想起阿香，可以说因为这段“遗憾美”造就了阿香的“完美”。

对于契可尼式单身群体来说，需要厘清的是，爱、喜欢和在一起，并不是因果关系，而是三件不一样的事情。在人们的感情世界里，不如意之事十之八九，美好的结局少之又少，爱而不得才是感情世界中的常态，你也许做不到相忘在岁月，却可以做到相望于心里，守望在彼此生命的成长中。躺在记忆里的初恋，不需要刻意忘记，但绝不应该是阻碍你追求幸福的绊脚石。我们期待每一个你，都能找到最好的爱情，也许，就在下个路口见。

真爱永远在当下

在无法计数的日日夜夜中，脑海里或许总会出现一个无法忘怀的身影，这身影背后是一段炽热的感情、一次次雨中撑伞的等候、一幕幕甜蜜笑容的相视，也是一场说了再见的青春。然而，忘不掉的到底是那个身影，还是镌刻时间的青春一场？在阿香编织的爱情童话中行走经年的晓杰，或许给出了自己的答案。

年轻时的爱情意味着奋不顾身，在所有的现实因素没有到来之前，晓杰认为两人一生都不会分离。在这个生活给彼此的爱情岁月编织的美好梦境里，一切都显得未来可期。然而，时间终究会告诉彼此，生活不仅只有相恋时的“落日余晖同相伴”，也会有“毕业离别说再见”。并不是生活欺骗了彼此，只是生活的甜美选择早一点出现在大家都无忧无虑的夏天里，而现实的苦涩终究不会缺席，无论是毕业后的各奔前程，还是其中一人说再见，都是初恋这个剧本里正常存在的剧情走向。成长总不会是一帆风顺的，而找到自己的“爱情症结”也不会是轻而易举的，晓杰的年复一年又日复一日的思念和无法释怀，诚然是有着对阿香深沉的爱，但同样是对自己过往岁月之梦没有成真的难以和解。在一次次搪塞新感情的时候，都是过往的回忆在作祟，这些回忆是执念，是对没有和最初的那个她修成正果的执念，是对自己仅有一次的青春岁月留有遗憾的执念。就像小时候心心念念的那个小背包，可能费尽心思和爸爸妈妈来回周旋最终才能得到，然而一段时间后才发现，记忆里早已经没有了那个小背包的位置，有的只是苦苦求而不得的深深遗憾。阿香就像是晓杰深深惦念的那个小背包，晓杰本已经做好了与她陪伴一生的心理准备，却最终没能够得偿所愿。这个小背包上的一切装饰品，都成了晓杰回忆过去的契机。沉溺在上一段情感旋涡里的一个个“TA”，终究很难看清这“朱砂痣”所蕴含的“意难平、剪不断、忘不掉”，更多的是始于自身的“契可尼”剧本。千万个“晓杰”并不缺乏开启新世界的优秀，只是这份优秀并没有给这新世界一个回应，对自己过往不可得的遗憾，成了横亘在心中难以逾越的情感深渊。

爱情可以是“有你的夜，月色很美”，也可以是“未来的晚饭都想和你一起吃”，但也可能是“梦醒时分不见你”，一切终究还是要回归现实，爱情的终点是亲情，是美好甜蜜消失淡去之后的相敬如宾和依旧相伴。爱在当下，并不在过去。

契可尼式单身群体人格素描：
对初恋念念不忘，无法再投入地爱一次

初恋是生命中不能够轻描淡写、一笔略过的章节。它就像是心底开出的花，但有些人却总想让这朵花结出果实。契可尼式单身群体就是这部分对初恋念念不忘，无法再投入地爱一次的人们。

1. 被初恋的爱一直感动着

其实契可尼式单身群体之所以对初恋难以忘怀，有人是以为自己依然深爱着对方，有人是怀念那个曾经敢爱敢恨、懵懂青涩的自己，怀念那段纯真美好的青春岁月。从心理学上来讲，初恋自带“第一次光环”，是他们第一次为了爱情而付出，尽管当时不懂爱，但却爱得最用心。不用权衡利弊，不用思考结果。或许行为莽撞、冲动，但都是他们发自内心的表现。契可尼式单身群体可能认为自己再也找不到那种用心的感觉，找不到值得自己全力以赴的人，找不回曾经拼尽全力的自己。对于恋爱便会少了那份热情与冲劲，所以索性拒绝和初恋以外的任何异性有更进一步的接触。

2. 没有结果本身就是一种结果

在现实生活中，初恋往往没有圆满的结局，而这恰恰也是初恋最吸引人的地方。没有结局，就意味着也许会有无数种结局。初恋就像艺术创作中的惯用手法“留白”，对于契可尼式单身群体而言，初恋的未知结局吸引他们进入无限遐想。他们内心的惯用句式是：“如果……”每次与新的异性接触，他们便会将对方带入自己初恋男友（女友）的角色，想象着这件事情如果是自己与初恋男友（女友）在做，将是怎样的情景。这份对未知的迷恋，令他们无法专心与其他异性相处，初恋的影子总是在自己身边呼之即来，挥之亦不去。

3. 深情等待是否只是“人设”

恋爱中的人很容易陷入深深的自我感动中，有时候做的某些事并没有达到取悦对方的目的，却深深地感动了自己。对于契可尼式单身群体来说，初恋结束了，但“自我感动”才刚刚开始，并打算一直沉浸。这种自我感动表现在：明明对方已经不爱了，却还是为了挽回这段恋情在大庭广众之下来一场尴尬的告白；即使知道两个人无论如何也不能在一起了，却还是要在原地等待，立下自己非他不可的深情“人设”。你以为感动天地的痴情，到头来只感动了自己，也阻断了自己更多的选择。所谓爱情，要大胆放手，大步向前。

契可尼式单身群体心理图式：不想离开爱情幻想与爱情幻影

初恋在人生中具有独特而且不可替代的位置，初恋恋人几乎满足了我们对异性的所有美好的幻想。一段求而不得或者得而复失的感情，往往会影响一个人的择偶观甚至长长的人生，作为爱情的造梦工厂，有的人在梦工厂中迟迟不肯醒来，将初恋情人幻化为完美爱人。

斯滕伯格的爱情三角形理论认为：完美爱情需要有激情、亲密与承诺，而初恋往往只有亲密，甚至激情都是想象的，只有无忧无虑的两情相悦，属于神仙般的爱情体验，也正是因为缺乏消磨爱情的日常生活的细碎，再经过时间的过滤，留下的都是美好。使得个中人更加确切地认为：他才是我此生的唯一。

爱情美好地图中的比较，特别是那个因为现实因素而错过的人，在爱情地图中会被进一步优化与美化，特别是通过自己的内心修图后，那些瑕疵都会被隐去，全部成了美好。这种爱的启蒙会令我们身心愉悦，而现实的爱情却往往败给了生活的烦琐，而且在真实的赤诚相对后，我们面对的不仅是心中想念的人，而是有血、有肉、有个性、有脾气的人。现实生活往往是美好初恋的粉碎机。

理解了初恋的契可尼效应后，我们就会知道，其实我们一直活在自己想象出来的完美恋情中，迟迟不肯双向奔赴下一段情感的原因，是我们不想离开爱情幻想与爱情幻影。初恋只是爱的启蒙，而下一段双向奔赴的恋爱才是人间扎实的感情。初恋只是爱情春梦一场，而现实的爱恋才是爱情实践场。

我们陷入自我陶醉、自我想象、自我感动中，我们舍不得的已经不是那个人，而是我们青春纯真的样子与美好的时光；我们难以舍弃的是那个心中满满地装着恋人的岁月，以及我们拼尽全力爱人的那种感觉，这种感觉会有沉醉与迷醉感，以至于我们会认为那个错过的人就是一生最终的等待。

初恋的美好恰恰在于想象，而初恋的遗憾往往在于虽情投意合，却未志同道合。

契可尼式单身群体的社交局限：
初恋完美化带来的晕轮效应填充了内心

我们之所以困在原地，往往是因为没有向前；我们怀念初恋，往往是因为在感情中缺乏自我成长。耽于想象完美的秦晋之好，永远结不出现实的连理，担心面对现实的挫败，甚至为此寻找替代品，因为他们不愿意在初恋构筑的长梦中醒来。初恋只是唯美或者煽情的文艺片，而长大后的爱情才是生活的纪录片。

初恋完美化带来的晕轮效应填充了内心。契可尼式单身群体的心里没有了他人的位置，不给别人机会，也不给自己机会，活在困局中，有时候他们不愿意开启新的恋情未必是因为初恋，只是因为他们自己还止步于少年爱情的天空中。

脱单先脱初恋的幻象，探索自我内心的需求，一个人需要面对长大的事实，在现实的世界里，可以酣畅淋漓地去爱，而不要在自己的内心世界里去想。的确，爱一个人需要勇气，但更需要与过往的自己勇敢告别。

如果你依然寻找与初恋同样气质的人，或者截然相反的人，这恰恰说明你依然浸泡在初恋制造的氤氲氛围中没有出来，这个走出困局的过程需要时间，需要面对自己的勇气，还需要内心的成长、朋友的助力。

先不要拒绝与异性开始的机会，慢慢地相处，浅浅地爱，再满满地信任，时间也许是最好的答案。特别是契可尼式单身的女性，她们往往会把单身作为对初恋恋人的潜在惩罚，希望能以此增加对方的内疚。其实初恋这场风花雪月的青春故事就是人生成长的一段重要插曲，拥有向前一步的勇气，与成长包容的心，带着最初的爱上路，遇见更好的自己，才是正解。

契可尼式单身群体突围：
在心里与过去说再见

1. 在爱中学习，在爱中成长

在青春的岁月里，经历过一场刻骨铭心的恋爱，体会过爱与被爱，无论如何都是非常幸运的。这将是一个人成长的营养，而不能成为桎梏，若初恋是伤痛，岁月的成长会成为疗伤的力量，而困在原处单曲循环是拒绝成长的表现。

2. 学习与过去告别，带着爱的勇气向前

一段未圆满的初恋于人生就是一场未完成的爱情作业。这个无法补交的作业会压在心底、存在梦中。我们需要做的是与过去告别，可以安排一个告别活动，这当然不是现实的告别，而是在心里与过去说再见，与此同时，将记忆中的蜘蛛网清理出来，找出那些曾经让你痛苦的事情，时刻警醒着自己不要重蹈覆辙。好好说再见，说好不再见。新生活滔滔奔涌而来，旧相思便会日渐模糊，重要的是迈出第一步。

3. 与更好的自己相遇，与更好的感情相逢

一个人在感情上的成长，必然是其经历过多段感情，恋爱是感情的学习场，在两人相处的细水长流的日子里，我们才会对彼此有所了解，拥有更多的理解与包容。前提是我们是活在当下、心灵开放的人，在感情上更加理性与成熟，才会增加自己的心理接纳度，当自己的认知能力提升了，我们会发现更适合自己的人就在前方。

最适合契可尼式单身的你的 TA 是谁

那个极具真实感的 TA，

有着清晰而有弹性的人格，

带你一起走进踏实的日子，

将理想照进现实，

让爱情的光芒闪耀在平凡的生活里。

带着心中对爱的坚定信念，

心中有爱的榜样，

现实有爱的奔赴。

也许，勇敢地向前一步，

你会在转角处遇见真爱。

契可尼式单身影视剧推荐——《假如爱有天意》

《假如爱有天意》是由郭在容执导，孙艺珍、曹承佑、赵寅成等主演的韩国爱情电影，于 2003 年 1 月在韩国上映。尹梓希无意间找到的母亲留下的日记让时空错落交织，情节铺展绵延，这一代遇见，背离，错过；下一代相遇，相知，牵手。青春里懵懂的少男少女用最炽热的感情拥抱爱，用最“笨拙”的语言表达爱，用最漫长的岁月追忆爱。

1968 年一个夏日的午后，俊河到居住在乡郊的伯父家过暑假。当青春靓丽的珠喜坐着牛车从乡下的小河边经过时，这个阳光质朴的大男孩被眼前的少女深深吸引，殊不知这“一眼万年”的初恋却让俊河用了一辈子的时间去安放与消化。珠喜是富家千金，家教甚严的她对乡村生活非常向往，珠喜主动约俊河去河对面的鬼屋，两个人开心地被假鬼“吓得”放肆大叫，在瓜棚里不顾形象地啃着西瓜，在夜晚享受着漫天的萤火虫带来的极致浪漫，此时的珠喜终于摆脱了规矩的管束，俊河也忘记了自己与她悬殊的身份差距，珠喜在他眼前只是他心仪的平凡女子罢了。俊河美好的暑假随着珠喜淋雨重病被迫送回城里结束，只有临走前留下的项链成了他最后的念想。暑假过后，俊河发现原来好朋友泰秀找自己代写情书、要送的女孩正是珠喜，他们看起来更加门当户对，俊河便没有透露两个人暑假的那场相遇，他把每一次代写情书这件事都当是自己对珠喜的情感流露。在珠喜的钢琴演奏会上、在舞蹈课上，久别重逢的两个人眼里都是爱意，但好景不长，珠喜明白自己的爱情只有被安排的命运，分分合合的两个人最终决定放手一搏。同时，从开始就知道俊河与珠喜两个人感情的泰秀向父亲吐露了想放手成全他们的想法，在皮带鞭笞的暴打下，泰秀选择以上吊自杀的方式进行自我反抗，决定为爱情牺牲，好在俊河及时发现，泰秀脱离了危险。病房里的珠喜和泰秀非常自责，他们为爱情付出的代价实在太大了。俊河最后通过参军的方式选择了退出，期间他为了找回珠喜的项链、挽救战友的生命，被一枚炸弹炸倒，眼睛失去了光明。战争结束后，俊河退伍归来与珠喜见面时却告诉她自己已经结了婚，等待多年的珠喜难以接受这样的结果。但其实，这一切只是俊河让珠喜放弃自己的谎言罢了。为了不让她发现自己失明的事实，俊河在见面的前一天晚上反复练习，却最终也没有瞒得过她。之后，珠喜嫁给了泰秀。不久，俊河病逝，他的战友带着俊河的骨灰找到了珠喜，俊河希望将自己的骨灰撒在当年和珠喜相识的那条河中。还留给了珠喜一盒书信。里面全是俊河写给珠喜的情书。

年少的我们曾以为，只要相爱，就能携手到永远。但如今天各一方的我们，只盼望你能被温柔以待。

单身模式画像 2——迷茫式单身

1. 属于我的爱的号码牌，何时会到来；
2. 牵在手中的“爱情风筝”，向何处飞；
3. 我的爱情鸟不知落在哪里；
4. 拥抱自己比拥抱爱情更容易。

第2章

迷茫式单身

迷茫式单身群体在面对感情问题或是追求者时会手足无措，不知该如何应对。

"我为什么单身？"

"看似对爱情云淡风轻，实则迷茫无助。"

案例：不知不觉地成为单身

娜从小就是家长口中的"别人家的孩子"，安静听话爱读书，上大学也是顺风顺水，看着舍友们一个个开启了恋爱模式，自己依然按兵不动，也有男生向她示好，她对此云淡风轻，既未起心动念更无任何反馈，渐渐地大学男生背地里称娜为"冰美人"，就这样波澜不惊地读完了大学，带着优秀的学业成绩外加恋爱零经验，娜直接进入了工作单位。舍友认为娜单身的原因是高冷，娜直呼冤枉，哪里是什么高冷，只是她总觉得自己好像对爱情的感觉一无所知，所以即使单独与异性一起出去玩，也没有那种怦然心动的体验。娜自我调侃对于爱情根本没有启蒙："偶尔羡慕爱情，常常庆幸自由。"

娜的人生路几乎就是教科书式的满分，工作签约很顺利，既是喜欢的事业单位，也是喜欢的行业与城市，她在工作中又常受到领导与同事的赞赏。同事评价她性格"百搭"，与她相处舒服，可是属于娜的桃花运似乎一直没有到来，用同事的话说就是："错过了恋爱的最佳时间，一转眼到了合适的年纪。"可那个合适的人并没有出现在生活中。工作后的两点一线，使她的交际面更受限，她心里也是波澜不惊，感觉自己顺其自然就过成了单身，而且更奇妙的是一个人单身太久，就会把自己活成理想中的样子，越单身越容易对旁人视而不见，自己有房有车有素养，每遇到一个人，都会觉得他不是自己想象中伴侣的模样，所以娜既不想进入扶贫式爱情，却也没有理想佳偶出现，她越来越习惯平静地接受单身这种感觉。但是只有娜知道：这种平静并不是对单身的沉浸，而是对爱情一无所知又害怕向前一步的无可奈何。

就在前段时间，同部门的张姐给娜介绍了晓，娜推脱不掉答应了见面。晓对娜的条件感到满意并主动联系，家人同事都说晓是一个非常优质的对象，家境好，工作好，样貌也与娜相配，可以相处一段时间增进了解。但娜在面对晓时却犹豫了，晓确实很好，可娜就是找不到爱的感觉，感觉只是适合，娜不确定他是不是自己喜欢的类型，也因为没有谈过恋爱，娜不知道感情中会面临什么问题，更不知道如果谈恋爱了该如何与晓相处。这种对爱情的不确定性让娜不敢轻易地答应晓，惧怕迈入一段感情中，哪怕只是尝试。

大学毕业十年，同学们再聚首时，大宿舍的七个姐妹相继成了家，有了自己的孩子，甚至有的已经离婚，娜依然孑然一身，免不了被大家关心，娜自己也不知道如何回答，是自己太理智太清醒也太聪明吗？是自己真的不需要另外一半吗？是自己太过随心了吗……

这些解释似乎都不太准确，但就是这样迷茫着过成了单身。

慢半拍的爱情何时到来

我们每一个人终其一生都走在寻找自我的路上。

学生时代，我们在寻找那个更好的未来的自己，这一阶段的我们也在无形中筛选了志同道合的朋辈和理想的 TA。

成人时代，未来已至，随着自我条件的丰富，我们又突然陷入了迷茫，那个 TA 真的是自己想要的那个人吗？我又是更好的“我”吗？

在这个故事里，主人公娜，家长口中的“别人家孩子”的代表，学业有成、工作顺心、性格温和，如果缺少一份爱情算是一种缺点的话，那么她唯一的遗憾就只有“恋爱小白”了。

对于迷茫式单身群体而言，有时候是因为对自己还不够了解，“我足够优秀”的外在下内心到底有着什么样的想法？是真的不知自己的意向类型还是总觉得前面会有更加适合的人？没有人规定二十多岁就一定要结婚生子，也没有人说不结婚的人生是不完美的，但是遇到一份真爱是一件让人生更加幸福的事情，要相信真爱在路上。

迷茫了就做好当下的事情，从生活中好好吃饭、好好睡觉、好好锻炼，到工作上积极向上、充满热情、化被动为主动，谁说爱情都是等来的？主动争取，踏出和异性交往的第一步，多接触才能找到心之所向。

此外，活在当下。所以不要害怕未来前方没有更好的或是没有合适的，只要现在肯踏出这一步，实实在在地感受自己内心究竟想要的是什么，然后去争取，走好当下的路就够了。无论单身还是非单身，迷茫还是失去方向，最终这个与自己和解的过程需要靠自己去解题、破题，而非他人。

亲爱的姑娘，一万次的想法抵不过一次的行动。想得再多，不如行动起来。

不知所向的爱情风向标

如果给单身的自己找个借口，你会选择什么样的理由？匆匆青春，或许在最美好的年纪遇到了爱却无果，或许在追求完美的路上水中捞月，又或是在适合一个人生活的空间里怡然自得，然而总有那么一个群体，连寻寻觅觅的冲动也没有，最终在迷茫中冷冷清清，却也只能感叹，“到底是哪里出了问题？”迷茫式单身群体的世界，真叫人想一观风景却不知门在何处。

“偶尔羡慕爱情，常常庆幸自由”的娜，或许在最美好的时间里从未有过对爱情的渴望，内心的爱情风向标也从未因某位男士而被拂动，沉浸于安静的世界里读书、做着自己的事情却也同时和外界隔离，没喝过爱情咖啡馆里的任何一款咖啡，又怎么能知道自己到底在期待什么样的独特咖啡香？偶然驻足的男士或许也曾为娜的独一无二而心动，鼓起勇气为爱冲锋的“他”也不得不在娜的“迷茫而不知何解”中退却，在别人眼中“可望而不可即”的“娜们”，其实内心是在为自己的不知所往而困惑。人们常说，人总是会因为“未知”而恐惧，而“迷茫式单身”的“娜们”，尽管知晓爱情大概率会带来一些甜蜜，却会在踌躇间错失一次次爱情的机遇。“别人家的孩子”并不意味着方方面面都不需要人操心，在学习中顺风顺水也不代表着生活中也能一帆风顺，因工作而带来的种种成就感同样也会让“迷茫的娜们”越来越觉得独自一人好像也挺好的，在爱情的轨道上好像越来越偏离航线，生活会告诉“她”，终究是你错失了“最佳拍档”。就像走入一座迷宫一样，有的人在不断鼓起勇气尝试找到出口，而有的人却开始因为欣赏迷宫中的精彩壁画反倒享受其中，永远沉沦，因而有的人走了出来，而有的人原地停留，无法自拔。或许当“她”回过神来的时候也会觉得，自己真的需要走出去见识另外一番风景，可时间并不会因为“她”而停留，“她”终究还是一个人扛下了所有，爱情的苦都没机会尝到，更别提体验一辈子爱情的甜了。在这懵懂之间，或许也让某一位值得奔赴的“他”因此与之擦肩而过。

有一种平静，叫死水微澜。在“她”的爱情湖面上，与另一个人相遇就像是往湖中心扔了一颗石子，荡起的微波向四周蔓延，仅此而已。或许该让这片湖中多一些色彩、多一些生命，有风时有芦苇起舞，偶尔也有鱼儿跃出湖面，让自己有对生命张力的期待，准备好在“他”造访时款待。

迷茫式单身群体人格素描：缺乏爱情启蒙，逃避与异性社交

迷茫式单身群体不清楚自己想要什么类型的伴侣，也不知道怎样与异性建立联系，更是在面对与异性拉近关系、经营感情等问题时显得手足无措。

1. 爱情风筝空中飘

迷茫是源于目标感的不清晰、不确定，不只工作和生活需要目标，感情中也同样需要目标，我们应当把爱情和婚姻当作一项事业去投入，而不是静等缘分。首先要认真思考你自己的

个性，给你心中的爱人画一幅心理画像，当然在遇到一个人之后，在日渐了解的相处中，你原来所做的心中爱人的画像也会有所调整。随着阅历的丰富与人生经验的积累，我们会更加理性地看待了解度、相处舒适度、包容度、接纳度及最不能容忍事情的协同度，这些会直接影响亲密关系的走向与质量，前提是你需要向前一步，学业上的优等生未必是恋爱中的优等生。

2. 漏修的恋爱必修课

迷茫式单身多是受自己的家庭以及成长环境的影响。一些长辈心中的“好孩子”往往会因为严谨的家教，在青少年阶段，很少或是绝不与异性接触，生活中的大小事也习惯于听从家里的安排。他们遵照什么年龄做什么事情的原则，恋爱似乎是计划之外的事情。上学时就一门心思扑在学习上，毕业后又紧锣密鼓地投入工作中。就好像青春期的时候漏掉了一门恋爱课程，他们对恋爱中的男女相处、恋爱技巧一无所知。情感实践课因为缺乏实操往往只依据想象。从小的生活方式以及生活环境导致他们缺席了恋爱实战，才会在找另一半时显得十分迷茫，不知所措。

3. 未被充分启蒙的异性社交

迷茫式单身群体可能在正常的生活和工作中都能拥有良好的社交，与人相处氛围融洽，但与异性交往时，就会采取不主动、不积极的态度。他们在朋友面前温和可亲，而面对交往对象时却不知所措。他们不是故意持两副面孔待人的，而是因为缺乏爱情启蒙的他们不懂得如何与异性相处，建立亲密关系。甚至与异性相处会伴随手足无措、焦虑等表现。这导致他们会不主动甚至逃避与异性社交，每次有异性参与的社交活动，他们会选择坐在角落玩手机，或是故意避开与异性的眼神交流，不向他人发出任何交流信号。他们每天两点一线，在公司和家之间来回跑，拥有简单的社交范围，也没有去新环境结识异性的欲望。但恋爱关系一定是建立在积极主动的沟通基础上的，毕竟很少有“人在家中坐，恋爱找上门”的好事。

迷茫式单身群体心理图式：
人必须先跟自己发生关联

弗洛姆认为："爱首先不是同一个特定的人的关系，而是一种态度，一种性格倾向，这种态度与性格倾向决定了一个人同世界的关系而不是同一个'爱的对象'的关系。"欧文·亚隆也谈道："要完全与另一个人发生关联，人必须先跟自己发生关联。"

单身是结果，而迷茫的状态背后的心理图式是与自我的关联与探索。有的人，对自己的学习与职业的自我探索较为深入，而对情感与情绪的自我探索较为迟缓，而与自我深层的联结仅靠自我反思与自我探索是不够的，情感的自我探索之路无法完全通过自我实现，必须通过与人联结实现，恋人是我们的一面镜子，通过这面镜子，我们能够看到自己未被开发的优点，当然在亲密关系中还能照出我们内心的期待，这面镜子的自我只有通过恋人及其自我觉察才能获得。

- 自我闭合型个体在潜意识中对恋爱是拒斥的，这往往是他们早期从原生家庭中不美满的父母关系中习得的，他们习惯性地认为：爱情不是真实存在的，而婚姻带来的体验不是幸福而往往是痛苦，因此他们会自动隔离自己的情感需求，这在日常交往中并无体现，但他们的内心却很难开放，抗拒另一个人走近。

- 自我弥散型的个体对恋爱在意识层面是不清晰自己想要什么的，在潜意识层面缺乏对自我的认同与认可。正因为如此，他们在恋爱这件事情上表现出心不在焉而非心有所系，他们在恋爱态度上的随性与随缘往往使他们与真实的爱情擦肩而过。

- 自我混乱型的个体较少认真地自我审视与自我觉察，他们躲在自我设置的隔间里，不愿意与自我认真对话，他们看起来漫不经心，但内心却随波逐流，这样的个体在亲密关系中往往缺乏力量感，也没有投入感。

因此，对于迷茫式单身而言，三步法可以逐渐深入探索自我。

第一步，在开始一段亲密关系前，问一下自己：你在恐惧什么？为什么不愿意向前迈一步？

第二步，在彷徨犹豫之际，找一下自己身体的感觉，当要面对谈恋爱这件事情时，你的身体反应是什么样的？你的情绪状态是什么样的？你的精神是否放松等。

第三步，与你特别亲近的朋友分享感受：你对恋爱的心理感受是什么样的？

迷茫式单身群体的社交局限：
找不到真正的自己

随着年龄增长，很多单身群体在感情问题上的想法日渐清晰明确，诉求日趋成熟化，这原本应该让单身个体朝着理想感情更进一步，但迷茫式单身群体反而依旧逃离不了这种迷茫的状态，不知道去哪里认识合适的异性、不知道怎么和异性相处，他们会想："我也想找对象，但是感觉没有人会喜欢我啊！而且以我现在的情况，从恋爱到结婚，我怎么去照顾人家啊？"这就致使这类群体在面对感情问题或是追求者时会手足无措，不知该如何应对。

单身不是最自由而充实的吗？然而，即便有独立的空间，能独自、不被打扰地思考，能奋斗，迷茫式单身群体仍会面对那种淡淡的孤独侵上心头的情况，他们有时会想，一个人本来就少了另一半的陪伴，生活便缺少一种实感，而内心有一些话，既没有人倾诉，又无法和父母、朋友分享。进退两难的迷茫，可能是迷茫式单身群体共同的感想。

致使我们迷茫的原因有很多，比如，经历多了，感情受过挫了，事业受阻了，陷入困境了，回顾一次次不顺的经历，都会让我们陷入负能量的旋涡。单身越久也许越容易迷茫，就好像相亲越多也越迷茫一样，见过了形形色色的人，经历了奇葩繁杂的事，反而容易扰乱自己的心，这样不断拖延使得年龄不断增长，婚恋优势被削弱，择偶范围受限，在婚恋市场上日渐边缘化，沉浸在婚恋顾虑与各种消极情绪中，婚恋自信与交友积极性受到打击等种种问题，让迷茫式单身群体找不到真正的自己，也在不经意间失去拥有美好爱情的机会。

那迷茫式单身群体到底要怎么办？如果很多别人的建议和书里的知识并不能直接套在自己身上，那就需要根据自身的情况做出调整，并且不要把目标定得很大，当你发现这些目标都能做到时，你才不会有那种坚持一会儿就想放弃的心态，而且会更容易看清自己的定位和需求。其次，要享受努力让自己变得更好的过程，完成每一件小事，而不是每件事情都要做到完美，先让心理成熟度完整，再追求完美。

迷茫式单身群体突围：
爱情虽有天意，但也需要人为

1. 认识并肯定自我

对于爱情迷茫的实质是对于自我探索的迷茫。你的理想型是什么样子的？每个人对于这个问题都会有不同的答案，那么你呢？你可能会说："我也不知道。"喜欢幽默帅气的异性，但又觉得自己配不上对方，而对于追求自己的异性，又常常觉得各种不满意，自己到底适合什么样的人，自己也不知道。这种情况就是陷入了纠结的错误思维模式，将矛盾当作生活的常态。首先了解自己是怎样的人，认真观察自我，同类相吸，你自然就会明白适合你的是哪类异性。了解完自己后就要给予自己积极的心理暗示，肯定自己，自己也没有想象中的那么差，遇到喜欢的人就跟进吧。

2. 保持积极的恋爱心态

爱是喜悦，积极的人内心本来就有喜悦，因此也容易从别人身上体会到喜悦。而迷茫期的你总会持有消极的心态，认为这辈子可能都遇不到那个 TA 了。实际上，容易恋爱的人和不易恋爱的人最大的区别是心态的积极程度。保持一颗积极的心，每天带着愉快的心情生活，将自己代入一种随时迎接爱情的情景中，此时的你，脸上挂着微笑，不知不觉中就已将幸福的氛围传达给周围的人，这样的你仿佛一块巨大的吸铁石，总会吸引到和你频率相同的 TA。

3. 爱情不是等来的

爱情虽有天意，但也需要人为。每个人的人生经历都不同，可能你因为这样那样的原因，错过了最佳的恋爱时机，和小时候对于爱情的幻想不同，反倒越活越清醒，失去了对爱情的欲望。爱情虽然不是人生的必备品，但有了爱情可能会提高你的人生体验感。既然已经错过最佳时机，继续迷茫地等着爱情降临不如主动出击。有时候，不主动寻找爱情也是逃避问题的一种方式。

最适合迷茫式单身的你的 TA 是谁

TA 就像是你的内隐人格一样，

会与你内心里的小孩子对话。

TA 了解你，胜过你自己。

遇到这样的 TA，

这样一个接纳你内在自我的人，

会让你的平凡日子过得鲜花满园。

先进行自我探索，

倾听自己内心的声音，

知道自己在爱里最想要什么，

这样人生就不再迷茫，

爱情便是现实中的“奇遇”。

迷茫式单身影视剧推荐——《剩者为王》

电影《剩者为王》是根据落落的同名小说改编，并由落落担任编剧和导演的一部都市爱情片。这部电影由舒淇、彭于晏、金士杰等演员主演。影片中，大龄未婚女青年盛如曦事业有成，她的感情空白却成了家人和朋友不断提起的话题。面对事业和爱情的天平，面对年龄的增加而带来的“身价”下跌，面对不停的相亲与逼婚，她不惜和母亲翻脸：“单身会死啊，还是不结婚会被判刑啊？”盛如曦从小就觉得什么事只要自己够努力就会实现，考学、就业、购车、买房，顺风顺水的她唯独不知道感情的事要如何努力。茫茫人海，又要到哪里去拼搏，找谁去奋斗？真爱，你到底是死是活？这是年过三十的她内心常有的独白。电影里的盛如曦，是一直顶着压力不结婚的职业女性。她始终信奉着爱情和婚姻不是百分百对等的准则，尽管大龄，她仍然孩子气地渴望那朵叫“真爱”的粉色云彩。

然而，率真年轻的 25 岁暖男马赛的出现，对盛如曦的生活开始产生了微妙的影响。马赛会带她吃学生时代的路边摊，会在出差时和她开着肆无忌惮的玩笑，这段“年下恋”催生出了十分奇妙的化学反应，如曦终于为了爱情豁出去了一把，在公司众目睽睽之下对马赛大胆地表白了。然而，甜蜜的日子随着如曦妈妈确诊为“老年痴呆症”而按下了暂停键，之前针锋相对的母女二人此时也吵不动了，骂不起来了。生病的妈妈每日嘴里都念叨着女儿曾经的种种往事，如曦明白此时的她最大的任务便是结婚生子，让母亲如愿，然而现实是有时候你眼光到位了，但是实力却跟不上；有时候则是你实力跟上了，爱情于你早已不再纯粹。更想先打拼事业的如曦和马赛因不在同一节奏上就这样抱憾分开。如曦有时会觉得自己是顶顶苦闷的人，各种各样的事让她心烦意乱，日子并没有外人看起来光鲜，并且总是习惯于逃避很多事情，不愿意去面对，哪里有暂时的安全，就往哪里躲。大概一个人撑惯了，她认为只要能够解决眼前的问题，自己牺牲点什么就能够实现，做出损己利人，甚至损己不利人的事也无妨。无助的她乱了方寸，然后开始病急乱投医，她把妈妈生病前满意的相亲对象当作自己的救命稻草，不断地说服自己对方各方面都很优秀，是个理想的结婚人选。然而，就像白医生所言，在这段感情里，他无法给如曦电光火石的感觉。到底要不要和这个还不错的人结婚？到底要不要在爱情上赌一把？到底要不要相信爱和奇迹？到底要不要继续……“剩”下去？如曦又再次陷入了迷茫，好在最后她的父亲挺身而出选择和她共同守护她的爱情准则，就这样如曦回到了马赛的身边。亲爱的伙伴们，不存在该结婚的年龄，只存在该结婚的感情，剩者为王，不畏迷茫，勇敢上！

单身模式画像 3——错过式单身

1. 为爱走了 99 步，却在最后停住了脚步；
2. 总是错过了才珍惜；
3. 最好的总是在错过中；
4. 感情交付总是不尽人意。

第 3 章

错过式单身

错过式单身群体总是对过去的恋情难以忘怀，对现在的感情无法倾心投入。

“你为什么单身？”

“失去的爱永远是最好的。”

案例：最美好的爱，永远是前任

32 岁的易阳似乎进入了一个怪圈，总是和现任处得不咸不淡不上头，当现任成为前任时，不知为何又成了他的心头好。他感觉自己被这种状态困住了。他总是告诉自己，这即将是我的最后一位女朋友，可处着处着，心里总是不自觉地把现任与过往的几个前任比较，感情慢慢地就冷了下来。

眼看着身边与自己年龄相仿的朋友同事一个接一个地结婚生娃，迈入人生新的阶段，而他在这个三十而立、事业有成的年纪却连个对象都没有，说无动于衷绝不是真的，尤其是当看到父母充满担忧且小心翼翼的神情时，易阳便觉得非常内疚，或许自己又该开始一段新的恋情了，于是他下决心要进入婚恋状态。易阳的恋爱次数大概两只手都数不过来，身边的亲戚朋友甚至是易阳自己好多次都觉得已经到了谈婚论嫁的地步，然而自己却像被下了魔咒一般，总是游移不定或者直接放弃，而他的每一段恋情都无法长久。易阳逐渐发现自己似乎“喜旧厌新”。

学生时期的爱情总是那么美好，易阳和可然也是如此。同样的兴趣爱好让两个人之间的关系愈发亲密，易阳可以偷偷打工一假期只为了给可然买那份她无意间提到喜欢的礼物；而可然也常在备考期间帮易阳在图书馆占好座位打好水，甚至连零食都准备好。可是，青涩懵懂的美好终于躲不开“毕业分手”的魔咒。爱情抵不住现实的困难，两人就这样分开，各奔前程。毕业后回到老家，易阳在本地的一家知名企业做运营，他这股拼命三郎的劲头吸引了与易阳同期入职的晓婷，性情相投的两人很快就确定了恋爱关系。起初，两人加班奋斗的日子让易阳觉得很踏实，但是随着时间的推移，他慢慢发现要强的晓婷总是把事业放在首位，两个人的关系总是少了些爱情的成分，这使易阳不自觉地怀念与可然在一起时充满甜蜜的未知和仪式感满满的日子，现在与晓婷相处的日子好像在平淡中可以看见未来，所以易阳果断地提出了分手。过了三个月，易阳在参加老乡会的时候偶然认识了比自己小两届的学妹文馨，她多才多艺，唱跳全能，在学校期间就是乐团里的风云人物。更让易阳没有想到的是，他们竟然是同乡。在校友与老乡的身份加持下，两人开始谈了一段甜度爆表的恋爱。文馨会为易阳创作专属于他的曲子，会每天为易阳准备午餐，会记得每一个大大小小的纪念日。但这样的幸福让易阳逐渐失去了安全感，到哪里都是焦点的文馨让易阳变得敏感多疑，音乐人的自由气质更让他觉得自己在爱情中失去了主动权。更令易阳诧异的是，他竟然又开始怀念晓婷的勤奋与踏实，他觉得这可能才是他这个年纪最该寻找的伴侣的样子。两个人的感情又这样“不出意料”地结束了。

易阳也陷入了疑惑，为什么我总觉得前任比现任好？这种念旧导致自己无法与现任好好谈恋爱是一种什么状态？总是用“显微镜”攫取那些与前任交往时好的记忆片段，而却用“放大镜”扩大对现任的不满片段。

最好的爱情活在回忆中

情感上的默契，往往是刚刚好的状态。故事中的主人公易阳，显然在他的天空里，永远在怀念上一片飘过的云彩。这就是我们本章所要分析的错过式单身。

我们来分析一下为什么易阳总是会随着时间的推移，忘不了每一个前任呢？一方面，不得不提的就是失去后才懂得珍惜。易阳和要强的晓婷在一起时怀念可然充满甜蜜的未知和仪式感，和才华横溢的文馨在一起时又怀念晓婷的勤奋与踏实。在这个故事里，每一个阶段的女性都启蒙了易阳对于爱的认知，让易阳怀念的在某种程度上已经不单单是那些女孩本身，更是易阳难以忘却的时光，以及那段时光里的自己。

另一方面，情感上不断增加筹码，导致“越长大越孤单”。随着岁月的流淌，人们逐渐习惯于把感情放在天平上进行衡量，适不适合？可不可以？将就不将就？反而让“爱”排在了后面。易阳和可然的交往是情窦初开的美好，看似幼稚却再也回不去的纯真承载了对过往自己的思念。易阳和晓婷体验着细水长流的平淡生活，和文馨则碰撞出浪漫主义的生活格调。而到底哪一个“我”才会满足易阳对“爱”的需求？恐怕易阳本人都不知道。

对于错过式单身群体而言，不管那一段感情是不是初恋，只要他们曾经投入真情，此后便难以忘怀。一方面是对自己感情的不将就，通过曾经的“她”找到了曾经的“我”，某种程度上其实是不愿意将曾经的那个“我”弄丢；另一方面是主动归责的内疚，“我当初竟然忽略了这么好的一个人、这么一颗爱我的真心”。对于错过式单身群体来说，其实要明晰回忆往往是因为难以忘记才显得弥足珍贵，而不是因为回忆珍贵才难以忘记。

所以亲爱的你，即便过去再美好，也要给自己拥抱未来的勇气。曾经被“她”温柔以待，以后的你肯定也值得被更好地对待。每一段感情都有成长与收获，都有滋养，带着曾经的爱继续向前，才是美好生活的真实样子，先和自己好好相处，把那个“没有人能及你”，变成“谢谢你让我遇到了更好的人”，因为你真的值得。

走不出执念，到哪里都是囚徒

错过的感情，你总无法释怀，无法到此为止，总是不明白前九十九步是爱，最后一步是给自己的尊严与和解。你总是患得患失，太在意过去又总是担心将来，眼前的我再优秀又怎能进入你的世界？错过式单身的你，到底给你自己设下了多少重关卡？眼前并非无良人，只是你从来没有真正放下过去。

错过式单身群体，大抵经历过一段刻骨铭心的爱情让自己困顿于过往，那段爱情让你感受到无法替代的关心、细致、在乎，仿佛这世界上除此之外，再无他人！可这或许只是自己给自己的枷锁。

亲手为自己戴上的黑白眼镜，如果自己不主动摘下，又怎能重新看到世界的色彩？就算偶尔将这副眼镜摘下，又很快被你的“过往”复原，缘分让彼此相遇，怎奈这份“礼物”被你的“过往”否定。这单身的“囚牢”，不仅囚禁了自己，也囚禁了身边的亲密爱人，可不同的是这份独一无二的执念，或将长久伴随你左右，让你一次次错过眼前人。一生很长，长到无法让几年的记忆在你的心里永远刻骨，可一生也很短，短到不会给你机会再来一个“几年”的铭心。不是这个世界没有给你馈赠爱情与脱单的机会，而是无法放下过往的你，眼中自动过滤掉或许真的很好的他 / 她。让花成花，让树成树，看山是山，看海是海，做一个珍惜眼前、着眼当下的人，拥抱新生活的“罗马大道”。

易阳的现状不知是多少人的缩影，开始因父母的担忧而妥协、因朋友的婚姻而羡慕，却又在接触“新人”时因怀念过去而退缩……回忆过去成了易阳的常态，在自己的心中不断放着与前任共同演绎的老电影，看得沉浸其中而无法自拔，看得对现任的不满而逐渐淡漠，以至于心中再没有和“她”

踏出最后一步的勇气。并非易阳的自身条件不够好而缺少开始新恋情的机会，而是这份怀念过去让自己又或是某个“她”不断退缩。生活里有多少“易阳”在囿于过去并担心将来，就有多少个需要学会与自己和解、与过往告别的灵魂。

开往春天的列车是值得期待的，前方永远不缺少更美丽的色彩、更温暖的风、更值得在意的人和生活。和过去说再见，生活会还你崭新的开始。

错过式单身群体人格素描：心里一直住着一个难以忘记的人

错过式单身群体总会对过去的恋情难以忘怀，对现在的感情无法倾心投入。

1. 总容易为往事打动

有些时候，我们可以把单身的人简单地归为两种，一种是心中无人，一直在静静地等待着自己的缘分；另一种是虽然身边没有人，但是心里却一直都住着一个人。错过式单身群体便是心里一直住着一个难以忘记的人。他们往往活在过去感情的欢愉中，不能享受当下感情的美好。

错过式单身群体的心理时钟总是慢了半拍，分手之痛并不深切，而当进入下一段恋情时，那份不舍才慢慢浮上心头。感情变得游移漂浮，身体在现在，心却停泊在过往。情还是旧的浓，人还是原来的好。他们会在潜意识中重新编码彼此的交往，将不合拍与分歧自动过滤，沉淀下来的都是相处时点点滴滴的美好。慢慢会成为一种瘾，会让人越来越习惯，而更加沉溺于过去的美好回忆中，对开启一段新的恋爱之旅总是心怀芥蒂。

2. 习惯于自我感动

对于错过式单身群体来说，每一个擦肩而过的前任都会成为他们心中一直的牵挂，而对每一个眼前的恋人却又漫不经心。表面上的痴情难忘恰恰是内在的自我冲突，对每一个现任的挑剔与对每一个前任的完美记忆恰恰使他们活在自己加工出来的情感世界中自我感动、自我陶醉。究其内心，他们往往是不能面对现实与真实。

3. 不能与过去果断说“不”

错过式单身群体之所以沉浸在过去的人和事中无法逃离，往往是拥抱现实爱的能力的匮乏。生活中这样的人不占少数，他们难以面对感情上的错过，总是充满遗憾。化解心中的遗憾最重要的前提是接纳当下的自己。显然，错过式单身群体不愿承认分手的事实，从源头上就注定了他们无法走出失恋的阴霾。印度诗人泰戈尔曾经说过：“如果你因为失去月亮而哭泣，那么你也将失去星星。”遗憾就像一个沼泽，越挣扎就会陷得越深。就像错过式单身群体，他们会为曾经错过的爱情而一直懊悔，他们越是看重遗憾，越是想要弥补遗憾，就越会陷入痛苦的旋涡。

错过式单身群体心理图式：
怕被拒绝而选择主动拒绝

错过就是错过的最佳注解，现实中的错过成为心里永远不错过的牵绊。他们的爱情图式是：我不够好，我注定要错过真爱，这一核心信念源于成长历程中没有被强化的“我足够好，我值得被爱”，一种害怕被抛弃的恐惧感会让这类人长大后很难投入一段酣畅淋漓的感情中，也很难体验到至真至情的爱。因为患失而患得，每一次得到都成了失去的序曲，因此不自觉地进入“每一位失去的前任都是真爱，而每一个拥我入怀的人都不那么值得珍惜”的状态。

错过式单身群体在亲密关系中的典型状态是：看起来很用

心很上心，内心却有一个暗自开出的洞，我不值得被爱，我不是你一生可以依靠的港湾。因此，当亲密关系进入深层阶段，比如谈婚论嫁，在现实层面需要更进一步时，他们会选择逃离。然后，又进入下一段亲密关系中，用现实证实自己是有爱的，自己是值得被爱的。在进入亲密关系后，看起来却又对前任念念不忘，给人一种深情款款的假象。

怕被拒绝而选择主动拒绝，看起来体面地退出，身体住在当下，灵魂活在过去，谈的是当下的恋爱，爱情住在前任那里。

错过式单身群体的社交局限：
在一次又一次的错过中自我迷茫甚至自我迷醉

总在错过中懊悔的青年男女，有的很难进入下一段亲密关系，有的容易进入却难维持。错过式单身群体，在一次又一次的错过中自我迷茫甚至自我迷醉。他们不是为情所困，而是为自己所困。他们失去的不是恋人，而是好好拥抱现在的感觉。

他们是典型的情感住在过往的一批人，不是因为情深意切，而是因为情感不够坚定。正是因为错过式单身群体对自己想要什么不够确定，又有一种代入感的回忆，自我陶醉式地沉浸在自己的悲伤世界，自觉地把自己投入黑暗，前任便成为生活中的亮光。

错过式单身群体在日常交往过程中并无太大异样，依然可以与家人、朋友或同事和睦相处，只是当他们看到某一物，听到某一句话，在不经意间勾起他们的回忆时，阴郁情绪会不受控制地表露出来，无形之中让人感觉到低气压，久而久之身边的人会不自觉地远离他们。

那么错过式单身群体如何突破社交局限呢？

- 在每一段情感中进行复盘与反思，向内了解自己的性格优势与人格特点，进行适度的自我反思，给自己一段沉淀的时间，一段情感结束后，不要急于开启下一段感情，给自己一段空窗期，让这段时间成为自己成长的窗口期。

- 注重与自己的当下实现有效联结，脚踏实地、接地气地面对真实感情，无论是恋爱还是日常交往，关注自己与异性交往的模式，并且探索自己交往的内在动机，期待从一段感情中获得认可、支持、成长。

- 更加主动地投入人际交往中，比如，团建、轰趴、歌友会、健身团体等，在群体动力中了解自我的交往模式与偏好，会更加准确地了解卡住自己的点。

错过式单身群体突围：
拥抱当下，接受现实

1. 中断预约式失恋模式

每一段感情都会经历恋爱→结束→怀念（想象为最优前任），然后陷入自我情绪循环，而不能接受好好地进入下一段感情。

“痛和痛苦是有区别的，感到痛不是因为你的选择，但持续的痛苦，是你的选择。”失恋就是一个人在情感上成长的契机，特别是对错过式单身群体而言，失恋是一种主动选择的结果，既然选择了结束一段关系，不仅是从物理空间上结束，还要从心理上告别，使这段感情成为完成时。

2. 停止自我攻击

爱，既是一种能力也是一种修为，是通过学习而获得的。从过往的感情中汲取自己成长的养分，亦舒也在《玫瑰的故事》中写道："失去的东西，其实从未曾真正地属于你，也不必惋惜。"当我们一次次体会失恋带来的挫败感时，我们会自洽。如何从这种负面循环中走出来，需要花时间与自己和解，对自己情感模式有一个深度的理解。

3. 与过往的情感告别

果断切断和对方的所有联系。为了避免自己忍不住偷偷翻看对方的社交账号，先从物理空间上清理原来的轨迹，这需要的是意识上的自我决断，这是在给自己一种强烈的心理暗示，一定要断了过去，让明天好好继续。而在认知层面，与过去切割，用更加开阔的视野去思考人生；在行动上，更多关注自我成长与自我发展，将更多的注意力投于自身。

4. 与积极的自我寻找爱情

自我坚定而且坚实地相信：一切都是最好的安排。拥抱当下，接受现实，先从意识层面提醒自己与现在的恋人好好相处，花更多的时间在现在的感情上，当我们对现在的感情持有真诚与爱时，当我们的心理和精神世界与现在的恋人同频共振时，爱情自然就会在我们身边安居。

最适合错过式单身的你的 TA 是谁

这个人也许就在你身边，

TA 有着坚定的人格，

明确地知道自己要什么，

有着积极应对情感问题的策略。

也许，你只需要向前一步。

恋爱便是学习，

但真爱永远不会错过。

应对情感的策略成熟了，

真爱就会缓缓地来到你的身边。

也许你需要的只是伸手去触及。

错过式单身影视剧推荐——《李米的猜想》

在熙熙攘攘的人群中，李米疯狂地追逐着一对情侣，口中嘶吼着失踪四年的男友方文给她寄送的信件内容，化成灰都能认得的人，如今却改名换姓，翻脸不认人，还和别人成了情侣。这个片段描述的是由曹保平执导、于 2008 年上映的悬疑爱情片——《李米的猜想》。李米是名失恋的女出租车司机，在深爱的男友方文莫名失踪后的四年间，她不顾一切地努力找寻他的线索并熟记每一个男友寄来信件的日期和 54 封信件的全部内容，她会将他的照片随身携带，询问每一名乘客是否见过他或者参透那一串神秘数字背后的意义。在昆明跑出租的她，每日看起来都心事重重又特别疲惫，她用一种结果渺茫、将死不死的期待将自己困在了一个笼子里，能够解救她的只有方文，哪怕是一个不好的答案。

日子过得很平淡，可这些都被两个犯罪者裘水天和裘火贵打破，于是她经历了心惊胆战的逃亡。最后在警局里，李米终于见到了方文，但是此时的方文挽着其他女人还装作不认识她。李米放下了一切尊严和身段，她冲动地大喊、纠缠、愤怒，四年来的单身寻爱之路换来的只有求而不得的结果。可就在方文不耐烦地承认认识她时，她率性地走了。也许对李米来说，这也是一种解脱，那一刻方文真正从李米的世界消失了。然而，这次命中注定的偶遇，让警察发现了方文犯罪的事实。方文因为爱而不愿失去，傻傻地以为用金钱就可以补偿一切，他希望实现李米开超市的愿望，成为李米父母满意的女婿。然而，搭上错误列车的他已误入了迷途，方文最后在摆脱警察的追踪中坠桥身亡。出事前，他将干净的 8 万元给了李米，这是他给自己的交代。在方文留下的录像带里，李米看到了在阳台收衣服的自己，吹干头发抽香烟的自己，无助地独自换轮胎的自己，原来方文也在以“错过”的方式默默地守护着李米。没有站立过的人，不会懂得站立太久双腿都无法弯曲的痛苦，如裘水天、如方文，更如李米，那份已错过的爱成了他们绝望之境的最后一束光。

单身模式画像 4——纠结式单身

1. 我的理想恋人是他优越的外表与他细腻的内心合二为一；
2. 过早答应担心后悔，不答应担心落单；
3. 在爱情面前我总是犹豫不决；
4. 爱情这一道单选题对我太难。

第 4 章

纠结式单身

纠结式单身群体做出任何选择，都会感到不妥。他们往往会在关系中纠结，在错过中内疚。

“你为什么单身？”

“我对恋爱有理想主义倾向。”

案例：爱情中的犹豫，生活中的纠结

林鹿是一个做任何事情都瞻前顾后的人，比如，和朋友相约一起旅行的时候，她总是会纠结去还是不去，去了觉得浪费时间，手头还有好多事情没有完成，不去又怕影响彼此的感情，下次对方就不约自己了。这样的纠结让林鹿觉得很累，却又总是避免不了，甚至在有可能发展成亲密另一半的人面前她更是犹豫不决，很难做出进一步的决策，直至眼睁睁地看着至爱成为别人的枕边人。

外表甜美、性格活泼的林鹿一直不缺追求她的对象，而 29 岁半的她却依旧单身。有友情之上爱情未满的人，也有相亲认识的对象，但最终都带着差一点点的缘分与他们擦肩而过。

读书时有一个很呵护林鹿的男同学周岩，同班同社团的缘故让两个人慢慢熟悉起来，看到了缘分的天空，相处中，周岩成熟、稳重、有责任心，这让林鹿对他越来越依赖，对他的好感也逐渐加深，两人经常一起相约去自习、一起出去玩，周围的同学们都以为他们两人在谈恋爱，林鹿也觉得周岩是喜欢自己的，可是她却非常纠结要不要挑明彼此之间的关系，甚至当周岩想要表白时，林鹿也会找各种借口跳过这个话题。对于两人之间的感情，林鹿总是摇摆不定，一边给自己鼓励打气，一边又在给自己泼冷水：他是真的喜欢我吗？我是真的喜欢他吗？如果挑明了彼此之间的关系，我们会不会连朋友都做不成？可如果继续这样下去，会不会对大家来说都是一种耽误？林鹿的戏码都在心里，她表面看起来云淡风轻，内心却波涛汹涌，这份一直没有答案的纠结最终将周岩渐渐推远。毕业后的某次同学聚会，周岩对林鹿提起了这段年少时的感情：

“每次我鼓起勇气想要告白的时候你却变得疏远，可第二天又像什么事都没有发生一样，你的这种若即若离让我很难面对……”

毕业后，随着年龄的增长，林鹿也开始成为相亲大军的一员，再也没有了学生时期的情情爱爱，更多的是目标明确地去寻找那个相对而言最为合适的人，喜不喜欢不那么重要了，关键是条件相搭、彼此适合。之前有一个林鹿较为满意的相亲对象张浩，他长得很高、很帅气，家庭条件也与林鹿门当户对，自己经营着一家小公司，经济收入扎实，但是令林鹿略有介意的是张浩的事业心太强了，一门心思扑在工作上的他，能够专心投入恋爱的时间少得可怜，但是除此之外，两人真的很合适。而另一位由领导介绍的隔壁部门的同事徐磊，虽然他的长相没有张浩那么帅气，但是两人因为工作多次接触，林鹿觉得徐磊特别有耐心，而且彼此生活节奏一致，也非常有共同语言，与徐磊相处时，林鹿觉得特别轻松。张浩和徐磊各有各的优势，也各有各的不足，这又让林鹿犯了“纠结综合征”，到底谁才是最合适的呢？如果两个人能够综合一下就好了，自己也不用这么纠结了。林鹿还在不断地纠结，而两位男士都已经到了适婚的年龄，林鹿在犹豫中，等来的是这两位各自的婚讯。

时间很长，但人生很短，有时候多想想是好事，但是想得过多却会让我们不断错过。

林鹿就是如此。

内心戏的主角只有自己

看完了这个案例，不由得心疼一下林鹿。在外人看来，或者是在周岩、张浩、徐磊看来，明明已经快要水到渠成的感情，却总在临门一脚时有变数；明明前一秒还快乐相处，下一秒却若即若离，这不是“渣女”吗？

林鹿真的“渣”吗？其实不然，她只是害怕面对不确定性。林鹿害怕满腔真心最后得不到回报、害怕被伤害、害怕会后悔、害怕最后还是自己一个人，于是她不敢赌上自己和对方的未来，每日都在纠结中过着自己的单身生活。

林鹿为什么会在感情中如此纠结？在亲密关系中纠结的人把感情看得更重，因此在投入亲密关系之前会患得患失，比如，结婚前女性会更加“恐婚”。女生会幻想和伴侣未来的一切，把方方面面都纳入考虑范围，对任何一方面产生迷茫都可能会让女生陷入要不要开始这段关系的纠结中。女生的感情，就像一杯发酵的酒，一开始并没有那么醇厚，但是随着时间的沉淀，愈加香浓。在这个案例中，林鹿就是典型的慢热型代表，不管是周岩、张浩还是徐磊，林鹿还在给自己做心理建设时，男生已经因为没有得到坚定的回答而选择离开。

对于纠结式单身的女性而言，她们时刻在自己脑海中上演着很多“大戏”，比如，我可以吗？他可以吗？我们可以吗？但是在爱的世界里，需要的是看见、听见与唯一感，可是男生只能感到被忽视、被冷落、被抛弃，很多时候两人阴差阳错，就这么无奈地分开。其实一个人纠结爱与不爱的同时，自己内心深处是有答案的，但是却害怕面对这个答案。

林鹿与周岩的这段关系，是在青春年少时发生的懵懂爱恋，两个人对彼此都有情愫，但是对那时的林鹿而言，她还没有足够多的经验去处理自己的纠结，于是她不停地在美妙的爱恋和自我的怀疑中反复跳跃，打气、泼冷水，打气、泼冷水，周而复始，活在患得患失中，如履薄冰。而彼时尚不能理解林鹿的周岩，也觉得不知所措。如果两个人能够敞开心扉向前一步，也许结局会不一样。而在与张浩、徐磊的相处中，已经褪去了所谓的爱与不爱，要考虑的事情只剩下了适婚年龄状态下的适不适合，对林鹿来说是这样，对张浩和徐磊来说也是这样，因为没有得到林鹿的回复，两位男士也没有时间再继续等待未知的结果。

与其还在纠结要不要开始，不如给自己一个机会，也给你和对方一个机会，不要害怕结果不好，有了试错才会迎来那个对的人。即使结果真的不好，也无须沮丧，感情本来就是不能勉强的事情，通过一段感情实现自我成长已经是“赚”到了。

双人舞成了独角戏

你的每一次若即若离都让我几乎想要放弃，你的每一次美好如初又让我不舍分离，直到最后我开始思考，你到底是在对我的感情“待价而沽”，还是在让我的感情“一个人起舞”。最后我决定选择离你而去。这位美丽的女士有着迷人的一面，这激励了他踏出第一步的勇气，却在一次次的接触中被那不坚定的眼神劝退，终究是没有踏出最后一步。纠结式单身的人，或许并不缺乏吸引理想中的他的能力，只是在一次次的犹犹豫豫、左右权衡中，让眼前的他失去了继续走下去的信心。单身或许非她所愿，但她却依然成了这场感情小悲剧的编剧兼主演。

在生活的大剧场中，总有人扮演着为感情归宿而郁郁寡欢的角色。有的人凭实力单身，硬生生和“那个他”处成了“哥们儿”，有的人选择片叶不沾身，在一场场感情中很快抽身而出潇洒离去，有的人则在渴望爱情归宿却不可得中，东奔西走，像一只迷失在色彩森林中的孔雀，明明自身夺目却被眼前的一切迷了眼，总是在纠结和斟酌中犹豫不决，最后春逝秋来，所有的色彩终究离她而去。她或许不知道，在自己驻足凝望的时候，眼前人一直在等待她能够给予一次坚定又主动的回应，可迟迟等不来想要的态度和答案，谁又能赌上自己的一生呢？林鹿的若即若离和左右斟酌终究是消磨了眼前人的耐心和真心，或许等到不得不做出决定的时候她才会发现，现实已经不允许她再用大量的时间去考验一段真挚的情感，就像她说的那样："再也没有了学生时期的情情爱爱，更多的是目标明确地去寻找那个相对而言最为合适的人，喜不喜欢不那么重要了，重要的是条件相搭、彼此适合。"可就算这样，几乎深入骨髓的"纠结症"仍然在影响着林鹿的人生。在感情里的纠结已然成了一些人寻找归宿途中的"一叶障目"，阻碍她的并非多么难以跨越的沟壑，只需要在彼此的相遇中给予自己一个机会，也给予对方一个继续走下去的理由。守得云开见月明之前，或许要先拨开障目之叶见世界。

在他的眼里，期待或许是常态，享受和她在一起的时光或许有些困难，因为她总会时不时地在他热烈追寻时突然冷淡回应，甚至回避。于众多的“林鹿们”而言，可能仅仅是再考虑考虑、再等待等待，甚至再比较比较，而对于面前的他来说，感受到的只有一次次的拒绝。失望与日俱增，这段感情终究让他望而却步，最终选择在这场恋爱的角逐中退出、收场。留给她的，只有何去何从何处可为归宿的自问。

纠结式单身群体人格素描：
常常处于自我否定和自我逃避的对话中

纠结式单身群体指的是面对感情抉择时犹豫不决的单身人群。他们会在两个追求者之间犹豫不定，也会在面临一个追求者时犹豫要不要有更进一步的发展。或是过往经历，或是性格使然，让他们在一次次面临爱情时，犹豫不决，最终错过。纠结式单身群体表面看起来处于一种非常不自洽的状态，矛盾和冲突是他们情感的常态，举棋不定而非落子无悔，左右为难而非直觉决定，他们常常处于自我决定和自我逃避的对话中。

1. 日常生活中的优柔寡断

通常而言，特别喜欢纠结的人，大多数有着优柔寡断的性格。有这种性格的人，对小事纠结往往会导致对大事也失察。比如，当遇到彼此喜欢的人时，这类人的潜意识会告诉自己：我真的喜欢他吗？我为什么会喜欢他？他能给我现世安稳吗？后面会不会有更合适的人呢？如果遇到两个人，则是双倍的纠结：他们两个人谁将与我共度此生？这种优柔寡断的性格，必然会造成精神内耗与情绪消耗。精神内耗又叫心理内耗，它是指人在自我控制中需要消耗心理资源，当这种资源不足时，人就会长期处于一种内耗状态。纠结式单身群体会长期地处在精神内耗之中。这种精神内耗会让他们的内心充满矛盾，也会让他们更容易陷入一些情感旋涡中无法自拔。

2. 纠结背后的敏感和自卑

喜欢纠结的人往往会伴随着敏感且自卑的状态，他们在面对一些问题的时候会表现得过分谨小慎微。这种敏感且自卑的性格，让他们在感情中吃尽苦头。考虑的时间久了，他们就会自我怀疑，就不敢去追求了，就会不断地否定之前的看法。比如，这个时候他们会想：这个男人，真的有那么好吗？是不是我高看他了？我真的能追到他吗？我似乎也不怎么优秀，我拿什么来吸引他的目光呢？这些纠结的心态，会产生大量的纠结问题，而这些问题堆积多了，就会让人陷入一种“自我怀疑”的局面。长久下去，这种自我怀疑的状态会令人慢慢失去自信心，这就导致了敏感、自卑循环往复。纠结式单身群体之前可能还想鼓足勇气去追求对方，可经过这样的纠结，或许就会选择放弃。

3. 内心住着一个“完美爱人”

生活中那些追求完美的人，内心通常也很纠结，他们做出任何选择都会感到不妥。他们左右思虑，看似综合地考虑了一切条件，不想接纳残缺，总想找到最完美的那个选择，实际上那个完美的选择根本就不存在于现实的生活中。纠结式单身群体的情感模式是比较淡漠的，简单地说就是不算太热情，即使是在热恋的时候，也很难让你感受到他的热情。他们与伴侣相处时常像“社交恐惧”一样拒绝深度交流和沟通。事实上，完美的本意不是剔除所有不完美的部分，而是既能够欣赏完美的部分，又能够接纳不完美的部分。只有接纳事物的两面性，才是人格健全的体现。

纠结式单身群体心理图式：
在关系中纠结，在错过中内疚

纠结既是原因也是结果，纠结只是一种行为表象，背后的心理动力是自身安全感不足。他们或许出生于谨慎决策型家庭，或许有着完美型父母，或许属于自我完美型人格，或许经历过被否定的童年，导致他们发展出自我纠结的个性。亲密关系是一种对另一半全然开放的自我状态，因此纠结式单身往往会在关系中纠结，在错过中内疚。

纠结式单身群体在亲密关系中的典型状态是：纠结、难以决策。在被表白时，他们纠结自己要不要答应表白；在相处时，他们纠结自己要不要在亲密关系中向前一步；在谈婚论嫁时，他们纠结自己要不要坚持自己的想法等。

- 触发机关（核心）：在亲密关系中寻找最优解。他们不确定哪个选择更好、哪个关系更能长久，他们认为自己是不安全的，对方不能满足他们对完美恋人的所有期待。

- 真正的问题：自我不安全感，当关系日益亲近时，他们会感到日益不安，越到做决定时越煎熬，使得恋人不知所措。在这样的张力下，他们的骄矜与犹豫不决会传导给对方，恋人也会感到不安，彼此的不安感对亲密关系极具杀伤力，这样的亲密关系往往会渐行渐远。

- 痛苦的原因：人类所有的苦都源于欲望，全能式自恋、未分化的自我，必然在亲密关系中不能承受否定与拒绝，因此他们纠结于此，问题悬置、关系困局往往是纠结式单身的解决方案，把不解决问题作为解题答案，会造成更多的困局。

当我们理解了纠结式单身的自我图式时，就容易找到突围之路。

纠结式单身群体的社交局限：因为纠结于眼下，而失去对长远情感的判断力

情感纠结的人，可能源于个体的退缩或者依赖性的人格特质，或者源于上一段亲密关系带来的创伤，或者源于现实生活的具体考量，但这一切都会使得亲密关系的美好被犹豫不决消耗了彼此的热情与热爱。

纠结式单身群体在亲密关系中既要避险也要避“渣”。他们要担心纠缠式恋人，因为其纠结的个性会悄悄地劝退真心爱你的人，又会不自觉地引来纠缠你的恋人，对方会抓住你个性中的弱点进行情感控制、情感勒索甚至 PUA，这是要谨记的一点。

还要担心“不负责、不承诺、不拒绝”的人，纠结式单身群体在情感游戏中往往是因为纠结于眼下，而失去对长远情感的判断力。与此同时，纠结式单身群体还要注意在人际交往中的分寸感，进退维谷会给不靠谱的人可乘之机，又会错失良人。

纠结式单身群体如何做到社交破局?

1. 增强情感中的自我洞察力，向内寻找答案，可以拨开迷雾看到情感中自己内心的恐惧、内心犹豫的点，从而直面自己的状态，从过程完美到结果完美的假想中慢慢回归现实，观察现实中的恋人看中你的核心品质是什么，而你看中对方的核心品质又是什么，这样才能如剥洋葱一样了解自己当下的状态。

2. 积攒恋爱的经验，也会帮助你从实操中获得直观经验，既可做到有效避“渣”，又能帮助你找到你中意之人。

3. 寻找社会支持，你的亲人朋友可以成为你亲密关系的见证者，听取“过来人”与“明白人”的建议，可以让你在社交中增强自信心与安全感。

纠结式单身群体突围：
给自己一点点向前的勇气

1. 拓展关系边界，广泛建立社会联结。事实上，总是纠结的人往往都很细致贴心，追求一份完美的情感。当我们与更多的人联结时，日常人际关系的边界就会有所拓展，特别是在与异性交往的过程中，我们会发现每个人都是一道独特的风景。寻找另一半，不是找与自己重叠的人，而恰恰是彼此的互补凑成一个“刚刚好”，因此，在意识层面，要对自我有提醒、有觉察，当爱情降临时，才不会错过。

2. 在关系中寻找安全感，找到自己的安全岛。事实上，所

有的安全感都根植于我们自己的内心，当我们进入一段关系时，先从自己身体的感受出发，觉察自己身体的松弛感与放松感，这样纠结的人会慢慢卸下盔甲，在走近对方时也容易让对方走近。这个时候，我们会从自己所囿于的那个“卡点”中走出来，思维与认知视角拓展了，我们就会看到对方身上闪闪发光的点，而不为自己纠结的点所困。

3. 体验亲密感。真实的亲密关系是全然地接纳自己，也全然地接纳对方真实的模样，当纠结于大脑中想象出来的完美时，就会很难体验到爱情的曼妙，我们需要给自己一点点向前一步的勇气，这样的勇气是爱情给予的，也是我们会看到全新的自己的一面镜子，当对方给我们一个爱情表示时，试探着向前是一种自我突破，只有这样的自我突破，才能发现不一样的彼此。

4. 获得幸福感。体验幸福既是一种实力也是一种能力，不要在犹豫彷徨中错失人生获得幸福的机会，在亲密关系中把握幸福靠的不是运气而是自身的判断力与勇气。当我们依然纠结时，请按下暂停键，看看自己犹豫的点是什么、这个点是否重要，提升对纠结说“不”的能力，当我们迈出尝试的第一步时，幸福正在悄悄地迎面而来。

最适合纠结式单身的你的 TA 是谁

你的解码人是看似“大条”却心中有数的。

与 TA 一起，你会穿越迷雾，

活成你自己，

因为 TA 包容、宽厚。

你的情感世界纷纷扰扰，

心有千千结，

但你只要把任务清晰地做好排序，

认真地动一次感情，

你就会赢得爱与人生。

纠结式单身影视剧推荐——《请回答1988》

《请回答1988》是以1988年汉城（现在的“首尔”）奥运会为背景，讲述在首尔市道峰区双门洞居住的平凡可爱的五户人家在贫瘠的夹缝中寻找到了生活的真谛——家庭的温暖、邻里间的照应、纯真的友谊和青涩的初恋。其中，令无数观众意难平的“狗善CP”真实地映射了纠结式单身群体的恋爱症结。剧中的正焕是个不善言辞但心思细腻的孩子，不论对于亲情、友情还是爱情，他选择把更多的心事都藏在心里。正焕一直喜欢着德善，但却又以自我隐忍和“相爱相杀”的方式，自顾自地为她小心建造着“爱情方舟”。

正因为他不善表达的个性，德善从正焕别扭的语言背后读出的只是不喜欢自己。下雨天，他撑着伞在路边等德善下晚自习。德善说喜欢粉色手套，正焕便偷偷买下来送给她。但当德善为奥运会在院子里练习化妆时，德善问他好不好看，他淡淡地回了句“不好看”。当他们在一起谈论正焕心里的女神李美妍时，正焕马上来了句：“就你那臭嘴，也配说李美妍？”当德善看到了自己送给正焕的粉色衬衫却穿在了他哥哥身上时，正焕却选择了回避问题不做解释。正焕的爱情，早就在自己一次又一次的嘴硬中死去。由于想得太多，正焕有了“开口拖延症”。时隔六年，当犹豫不决的正焕终于鼓足勇气决定表白时，那个曾经对他有过心动并给予积极回应的德善早已走远了。就像正焕自己说的：“搞怪的不是红绿灯，不是时机，而是自己数不清的犹豫。”对于德善而言，作为家中的二女儿，家里的关注一直都属于品学兼优的姐姐和受宠的弟弟，这使得她十分缺乏安全感和自信心。但在她感受到正焕的好感后，她每一次的主动靠近却被正焕狠狠地泼了冷水。虽然正焕用自己的方式爱着对方，而对于德善或者多数女生而言，一份笃定的、冲动的、不掩饰的、不躲闪的偏爱才最值得向往和奔赴。

单身模式画像 5——沉浸式单身

1. 我觉得搞事业搞钱比谈恋爱更重要；
2. 我完全没有时间谈恋爱；
3. 桃花来敲门，我却把门关上了；
4. 我觉得一个人就很完整了，自己活成了一支队伍。

第 5 章

沉浸式单身

沉浸式单身群体一个人就活成了一支队伍，一个人就活成了整个宇宙。

“你为什么单身？”

“因为我自己太有意思了，不太需要他人陪伴。”

案例：除了爱情，我还有 100 种让自己快乐的方式

沉浸式单身指的是那些习惯单身并享受单身状态的人，他们忙于用工作应酬、人际交往、养宠购物、探险旅行等除恋爱之外的爱好来丰富自己的生活，以其代替伴侣的角色，他们全部的情感需求可以通过全方位的个人努力在自我边界内得到充分施展与满足。

在大家的眼中，艾嘉的生活状态就是“优秀”的完美注解与生动诠释。她作息规律，坚持健身，

整个人的精神状态比实际年龄年轻很多。或许是因为自己的外貌优势带来的自信，艾嘉从未担心过自己的脱单问题。她也并不着急，觉得只要时机成熟，自然就会遇到灵魂伴侣。这期间的她，过得很潇洒，下班后不会选择窝在家里，而是去品尝美食、画画写生。若是恰逢假期，她就会来一场说走就走的旅行。她会在平日的闲暇时光里弹琴唱歌，会在周末追追剧、做做家务，也偶尔会和朋友去清吧喝点小酒。她觉得这样的日子轻松又自在。总之，那些年的她没有感情的羁绊，过得很快乐，她把自己的单身生活经营得风生水起。她不会因为对方不回自己消息而感到烦恼，不会因为要敲定约会时间而反复修改自己的行程，不会因为谈恋爱而缩减自己的社交时间，也不会因为不确定结果的恋爱就让自己胡思乱想。更何况一个人的生活就已经很有滋有味了，如果要考虑脱单这件事情，那么前提是那个伴侣能让她感受到双倍的快乐。

可是过了 30 岁后，艾嘉有时也会自我怀疑：我这样的生活真的是自己想要的吗？特别是当她和同学们再见面时，大家都在分享养娃经验，让她感觉自己有一种莫名的失落感。享受快乐的单身生活，似乎透支了自己的青春。在家人的催婚下，她先后应付了不少相亲，以前觉得“脱单”不难，如今却深感无力，尤其爱情这件事完全不是自己能说了算的。相亲对象的挑三拣四、家中亲戚的冷嘲热讽，让她对爱情不再自信。回忆那些潇洒的过去，在沉浸式单身中，她感受过快乐，但也承受过不少迫不得已的无奈。她习惯于独立，一个人搬家已经不知道有过多少次了，凡是能自己解决，或是能花钱请人解决的，她绝不麻烦别人，努力地保持着成年人的体面。有一次，艾嘉生病住院，需要做手术，除了告知闺蜜外，她没有跟第二个人说。或许是因为这种“怕麻烦”的优秀品质，她的异性缘一直不是很好，总是把那些可能会发展为恋人的异性朋友处成了“哥们儿”。如此独立的她，也曾被人示好过，小宇就是其中之一。小宇是艾嘉的同事，机缘巧合下小宇无意在社交媒体平台上看到了艾嘉细心打造的单身世界，小宇被艾嘉富有浪漫文艺气息的生活状态所深深吸引。小宇默默关注着她的每一条动态，艾嘉也注意到了有一位叫“淡水鱼”的网友，每天都会访问她的主页、点赞她的动态。终于有一天，小宇在公司主动向艾嘉表露了自己的身份，并发出了约会邀请，艾嘉面对这个熟悉又陌生的“网友”，欣喜又惶恐，欣喜于在自己的伊甸园遇见了来自另一个平行世界的访客，又惶恐这段邂逅是否会打破这份许久未被惊扰的平静。约会前，小宇了解了艾嘉的喜好，并提前做好了功课。在约会中，艾嘉对于小宇的用心非常感动，但随着对小宇的好感度的增加，她变得更加迟疑了。艾嘉总是在想，如果在恋爱中经历了背叛、冷淡、抛弃，自己应该怎么办？如果小宇在相处中发现自己并没有想象中那么好，自己应该怎么办？而小宇在追求艾嘉的过程中也很顾虑，就像游戏中的升级打怪一样，小宇生怕自己追求艾嘉的速度太快乱了节奏，又怕自己畏畏缩缩显得不够真诚。小宇已经单身五年了，他与艾嘉不同的是：沉浸式单身的日子并非有意为之而是迫不得已，这不是个人的选择，而是社会的筛选。作为小镇青年的他为了在大城市立足，想要“脱单”必须先“脱贫”，要为“有房有车有钞票”的爱情砝码而奔波。小宇在深不见底的海洋中迷茫地追寻着不知道在哪里的未来，他认为只要趁着年轻的日子多折腾，一定能换回想要的爱情与面包。在拼命工作的日子里，小宇好像发现了另一个自己，艾嘉竟然与自己有如此相似的灵魂！终于，小宇迈出了那一步，约会中的两人很聊得来，但艾嘉给小宇的反馈，让他觉得这只是作为朋友的欣赏，每当谈及感情时，艾嘉总是闪躲或搪塞过去。小宇感慨：爱情里从来没有久病成医，却有久病成疾。原来，单身久了爱一个人就会变得更难。

爱情要试错

“认知不协调”，在心理学中指的是人们对于某件事情的认知和实际不相符。现在社会上有一类人坚持做“快乐的单身主义者”，然而他们真的能一个人如此坚定、潇洒地过一辈子吗？

阿桑的《叶子》里有一句歌词，“我一个人吃饭、旅行，到处走走停停；也一个人看书、写信，自己对话谈心”，很好地概括了“沉浸式单身”的状态，我们也可以从故事的主人公艾嘉身上窥知一二。

年轻时的艾嘉拥有着完美的单身生活，为什么她不愿意恋爱呢？一方面，她的舒适圈太大了。姣好的外表、丰富的娱乐生活、良好的交际圈，没有爱情生活但依然完满。另一方面，爱情的试错成本太高了。尽管她也曾屈从于现实，和熟悉又陌生的“网友”小宇展开了暧昧之旅，但是在面临抉择时，艾嘉害怕自己的节奏被打乱，害怕自己选错人，害怕对方不是那个正确的他，害怕自己受伤，于是她又退缩了。在某种程度上，沉浸式单身群体可以说是“害怕恋爱麻烦者”。

那艾嘉为什么会后悔陷入沉浸式单身呢？一方面是现实的压力。曾经她在舒适圈内自由选择，但是当父母的催促、相亲对象的挑选、亲戚的嘲弄都摆上台面时，生活突然督促她快速成长，再没有理由逃避。另一方面是内心真实的声音。从荡气回肠的潇洒到柴米油盐的平淡，艾嘉需要对这个过程进行心理建设或者说适应。而在那些一个人走走停停看世界的过程中，她真的没有动摇过吗？案例中所提及的艾嘉努力维持着成年人的体面，而她在背后又承担了多少午夜梦回的孤单。但是出于对感情的患得患失、对未来的恐惧，都让她再次对恋爱敬而远之。

感情真的是一件很难的事，需要付出大量时间和精力去栽培、经营，最后还未必得偿所愿。其实对于沉浸式单身的人而言，他们内心并不是不期待爱情，而是丧失了接纳一个人的勇气，既是接纳恋人的勇气，也是对自我确认的勇气，于是“为了避免结束，避免了一切开始”。她们希不希望有个臂弯可以环绕呢？其实也是希望的。只是如果没有臂弯，现在的一切好像也不差。

亲爱的你，不要轻易抗拒可能发生的事情，只要你所抵达的终点是幸福，那在前进的过程中即使遇到曲折也无所谓，要给自己拥抱幸福的勇气。

优秀未必是婚恋的标配

走过山川与星河的她好像选择了一个人创造色

彩，这色彩让人着迷、流连忘返，让我的灵魂不自觉地向她靠拢，希望能够走进她的世界。然而，这个独一无二的世界却如此难以捉摸，上一秒我们还可以谈笑风生，而下一秒她便让我感知到清晰又令人绝望的边界。使我不禁会想到，她真的适合我奔赴而来吗？

综艺节目《奇葩说》里有一期辩题，题目是“剩男剩女该不该差不多得了”。然而对于沉浸式单身的女性而言，或许字典里就没有“差不多得了”这一个选项，有的只是沉浸在一个人的“100 种快乐模式”里。艾嘉是一个沉浸式单身群体的缩影，在职场里得心应手的她，在生活里也游刃有余，不会因一个人生活而感到无趣，更不会因为长久单身而期待恋爱。

“永远年轻，永远积极向上”是她灵魂的外显，这份独特的魅力让她的生活看起来如此充实又精彩。满分作文对她而言从来都不需要借鉴别人的素材，对生活的经营、付出和精心设计早已经让她的文章充实又美好，这份独一无二的文章让人初次接触后便忍不住想要了解作者的一切，然而等到真正看到她的内心世界后，“小宇们”才察觉自己早就“中毒已深”，却同时发现无法再进一步，只得自我劝退。艾嘉真的很难吸引异性的目光吗？从她对自己的认知中也能看到一二，从未担心自己脱单是她对自己能力和样貌的自信，规律的作息和坚持健身的习惯又让她比同龄人更加出彩，弹琴唱歌的爱好更是让她不缺乏气质的底蕴。或许在某种程度上，这也是大部分沉浸式单身女性的标配，事业有成又没有容貌焦虑，忙碌的生活中总是不缺少自给自足的快乐与满足。艾嘉的世界或许无法涵盖所有优秀职场女性的丰富，但这“100 种自给自足的快乐与满足”总归是沉浸式单身女性的能力基础。

然而，成也优秀败也优秀。正是这份强大的优秀，让“艾嘉们”早已失去了对爱情的渴望和需要，让自己的生活里不需要“他”也能很好地创造美好和满足。这也让“艾嘉们”在面对不期而遇的感情时，显得无所适从又觉得没有必要，多了一份淡漠和距离感，少了一份热切和回应。就像艾嘉面对小宇时的“欣喜又惶恐”，欣喜着在自己的伊甸园遇见了来自另一个平行世界的访客，又惶恐着这段邂逅是否会打破这份许久未被惊扰的平静。也正是这份“惶恐被惊扰到平静”的心态，打碎了多少“小宇”对爱情的憧憬。

爱情需要向前一步的勇气，往后一步是退路。这种“沉浸式单身”，堵住了多少“小宇”的向前一步。没有回应的单向奔赴，或许这就是一场不适合的爱情游戏。

沉浸式单身群体人格素描：
沉浸式单身群体面对人和事时，看到的先是自己

1. 迷恋独立的生活与独立的情感

沉浸式单身群体面对人和事时，看到的先是自己。对于沉浸式单身群体来说，按照自己的愿望生活是他们永远的向往，他们的生活都属于自己，好心情由自己维持，坏心情由自己调整，在他们眼中，拥有完全放松的独立的生活和做自己的自由，这是令许多人羡慕的最佳状态。就像艾嘉一样，她让自己的每一次心动在暧昧期终止，作为爱情盛宴的旁观看客，积极

独处成了她生活的基本功，但随着时间的推移，她开始担心自己无法摆脱对于独立生活的迷恋，这种对私人空间的过度保护其实更是对亲密关系的防御手段。他们的感情是冷静而安静的，用一句话概括他们的情感生活就是“偶尔憧憬爱情，永远享受单身”。

2. 恋人宁缺毋滥

蔡康永曾说：“除非那人，可以使你比单身时过得更好，不然何必为了那人脱离单身。”随着“95 后”到“00 后”结婚观念的转变、个人独立意识的进步，婚姻里最不想要的就是“将就”。好看的皮囊千篇一律，有趣的灵魂万里挑一。当代年轻人寻找对象需要的是一个与自己心灵、精神相匹配的人，如果没有遇到合适的人，他们宁愿选择放弃。面对来自社会和家庭的催促压力，他们也希望能听从自己内心的想法。艾嘉随着年龄的增长，面对身边“你该谈恋爱了”的声音，她没有选择“宁滥毋缺”，婚姻仿佛不再是必答题，而是变成了选择题。

3. 享受自足人生

不断尝试各种事物、寻找乐趣取悦自我的特质，正是现代沉浸式单身群体数量不断增长的原因之一。丰富多彩的社交活动和各项便捷的服务，都极大地充实了单身群体的空闲时间，这让他们不必局限在家中，拥有了更多的人生可能性，内心世界也逐渐变得丰盈，这类群体所有的需求都可以通过自己的努力满足，过着惬意的“自足式人生”。因为在爱情中我们要让出自己的部分心理空间，像一个拼图一样，你这儿凸出来一块儿，我这儿凹进去一块儿，双方正好嵌合到一起，彼此有依赖的同时，也会面临着冲突。所以，对于沉浸式单身群体来说，他们白天享受生活，晚上偶尔孤独。在他人眼中“优秀”的艾嘉正是因为自己的空闲时间被兴趣爱好塞满，所以面对小宇的突然到来，艾嘉选择了留在自我平衡的舒适区，放弃了被爱的机会。

沉浸式单身群体心理图式：
一个人就活成了一支队伍，
一个人就活成了整个宇宙

对于沉浸式单身群体来说，单身既是一种生活态度，也是一种自我选择，他们一直活在自我的自洽中，在这种日复一日的习惯模式中，他们已经将自己活成了关系的所有，关系模式中的边界感很强，没有给对方留下位置，一个人就活成了一支队伍，一个人就活成了整个宇宙，亲密关系中最困难的一步是突破自我闭环。

每个人成为沉浸式单身人格也许是在不知不觉之中，有的人早年步入社会，习惯了一个人打拼；有的人因爱受伤，在自我世界里自给自足、丰衣足食，不想再被感情困扰；有的人回望父母感情生活所习得的关于亲密关系的经验往往是负向的，使自己缺乏向前一步的勇气……其实这些看起来并不相同的原因，并不能充分解释个体的关系状态。我们需要关照的是：每个人在一段关系中的处理方式都有其内置的情感模式即关系模式。

心理学家阿德勒认为：人生有三大课题，分别是工作课题（同事关系）、交友课题（朋友关系）和爱的课题（亲密关系、亲子关系）。他认为一切人际关系的矛盾都起因于对别人的课题妄加干涉或自己的课题被别人干涉。只要能够进行课题分离，人际关系就会发生巨变。

- 第一步，我们要厘清这件事情是谁的课题，最终所带来的结果由谁来承担就是谁的课题。

- 第二步，不要干涉别人的课题，干涉别人的课题是以自我为中心的想法。父母催婚催育有时候其实是为了满足他们自己的面子和虚荣心，他们把孩子的课题也看作是自己的课题。

- 第三步，就是拒绝被别人干涉课题，如果父母总是对你管控很严、干涉你的课题，怎么办？可以与他们好好沟通，请求他们尊重你的选择，告诉他们，你希望自己可以掌控自己的人生。

- 第四步，自己做好课题分离，父母怎么说、怎么做都是他们的课题，而不是你的课题，你仍然可以按照自己内心的想法去做。更重要的是，沉浸式单身的个体都是具有经济独立和人格独立的个体，他们可以为自己的关系负责。

沉浸式单身群体的社交局限：沉浸式单身群体有更多的内心冲突、矛盾和挣扎

沉浸式单身群体看起来是在“独立行走”，但“人”字的结构是相互支撑的，爱又来自生命的滋养，他们既独立又有爱，拥有高度专注和习惯自处的特质，拥有着较高的生产力，懂得自得其乐。但对于他们来说，在感情上与恋人情投意合、同频共振也是需要花时间学习的。他们风风火火，把自己的生活安排得有声有色、风生水起，能够通过不断地寻找情感替代品来让自己不再踏入爱情的雷区。

过于自我、过于清晰的边界感以及对于恋爱的高度敏感让

他们选择不再踏入异性社交圈，对于身边朋友的关心，他们用追求“三观一致、五官好看”的高门槛择偶标准来掩饰内心对于爱情的惶恐和犹豫。

真爱难寻，他们不主动社交，不结识新的异性朋友，通过有意回避的方式拒绝一切与异性相处的机会。即使遇到了一些自己无法脱身的情况，他们也会通过“见了等于没见”“加了联系方式等于没加”“聊了等于没聊”的浅程度社交的形式掐断爱情的火花。久而久之，面对沉浸式单身群体高冷的性格特质，就有越来越少的人愿意去吃“闭门羹”了。

究其根本而言，沉浸式单身群体的社交局限不是能力而是观念。社交就是两个个体的自我之间的交互，这也就意味着交互会不可避免地触发自我，并容易产生防备心理，对于沉浸式单身群体而言，他们会有更多的内心冲突、矛盾和挣扎，会自己做好最坏的预期，会将单身时与“脱单”后的生活权衡利弊，自我舍弃。但这样反而缺少了应有的真实，沉浸式单身群体最需要做的就是跳出固有的想法、接纳当下的感受，采用一些忘我的手段让交互变得自在。同时，沉浸式单身群体更应该反思的是自己所追求的独处是否健康、向上，一颗会独处的心应该是不加评判、没有任何分裂、不做任何区分的，用全部的注意力去观察内心的活动，对于过去结下的伤疤，不应该过度纠结，而是要合理搁置，努力做到不仅可以“沉浸式独处”，还可以“沉浸式社交”。

沉浸式单身群体突围：
迈出拓展人际关系的第一步

1. 不要强迫自己开始一段亲密关系，但可以尝试开放自己的边界

沉浸式单身群体与异性相处的时间久了，会感觉很陌生，他们更习惯于深深地活在自己的世界中，与自己的世界联结。对于他们来说，迈出第一步至关重要，这样可以拓展自己的朋友圈，特别是对于太久未与异性亲密联结的人而言，这一步看起来简单，其实比想象中的更难。但是不建议大家从各种社交软件中产生联结并交往，可以从拓展现实的人际关系开始，慢

慢找到与异性相处的感觉，从陌生到熟悉，从局促到从容，很多时候我们低估了习惯的力量。

- 第一步：小心迈出一小步，比如，参加有交友意蕴的联谊活动，这可以称为热身阶段，这样可以使你在与外界联结时不那么恐惧，不拒绝与异性交往，这项活动可以从熟悉的人群开始，比如，同学聚会、团建活动等。
- 第二步：尝试着交往，从两性交往到亲密关系，从了解、熟悉到相知，再到恋人。对于沉浸式单身群体来说，单身越久，越容易想象完美爱情的模样，从而在面对现实中遇到的真实情况时，产生巨大的心理落差，转而退回到自我的世界中。交往从发现对方身上的闪光点并逐渐放大开始，允许异性一点点进入你的视野、分享你的生活，这也是需要学习的，而且两性交往技能的学习没有范本，只能自己尝试、感受、体验，积累成功的经验并且主动探索。

2. 尝试用爱的语言感受生活，从异性视角理解情感

一个真正想爱和值得被爱的人，在交往前看得到别人，在

交往后看得到自己。在交往前看得到别人，是为了让大家能打开心扉，不要沉浸在自己的世界里，更不要稍有不满就否定全部；在交往后看得到自己，是希望在恋爱中不要太纵容，或者说不要太依附对方，要保持独立的思想，懂得发现自我的需求。

在生活自足的前提下，憧憬、期待爱情，勇敢迎接爱情，在享受甜蜜外，保持理智的态度来经营爱情，同时保持精神的独立性，无论在单身、恋爱时都不断成长，这大概是“沉浸式单身”转化为“沉浸式恋爱”的最高境界吧。

最适合沉浸式单身的你的 TA 是谁

你会遇到那个与你一样沉浸于事业的 TA，

你们会彼此欣赏，惺惺相惜。

同样的成长型人格，

需要你们拥有冒险一试的勇气，

爱会让你们共同闪耀。

爱情有时需要冒险一试的勇气，

尝试着从沉浸中起身，

也许爱的风景就在你的身边，

人格独立又志同道合的两人，

一定能够创造出属于你们的爱情佳话。

沉浸式单身影视剧推荐——《欢乐颂》

2016 年热播的都市情感电视剧《欢乐颂》改编自阿耐的同名小说，剧中讲述了在名为“欢乐颂”的小区的 22 楼上，五名性格迥异的女孩们的故事，她们分别是心怀梦想的大龄“胡同公主”樊胜美、没头脑和不高兴的综合体邱莹莹、高智商的海归金领安迪、做事从不按常理出牌的富二代曲筱绡，还有一个总容易被忽视的文艺女青年关雎尔，她们裹挟着来自爱情与面包、亲情与友情的抉择与困境，因邻里关系而相遇、相识、相知，从相互揣测到逐渐接纳再到敞开心扉，在这一过程中她们齐心协力解决了彼此生活中发生的种种问题和困惑，并见证彼此在上海这座“魔都”的成长与蜕变。

其中，自带主角光环的安迪当之无愧是“成功人士必备的多项特质”的模范，尽管已经 31 岁，但是对于在爱情上还处于懵懂期的她，在事业上却是一位十分成功的女强人，曾在华尔街做金融高管的她有着强烈的责任心和超高的情绪控制能力，颜值与实力并存的她优秀、自律，不仅令无数职场女性仰慕，更是让无数职场男性黯然失色。在生活中会以坚硬的外表示人的安迪是极端的数字迷、理性派，她会在房门口安装 24 小时的监控，会在邻居影响她正常作息时果断报警，会始终如一地坚持“不与傻瓜论短长”的处事原则。她的生活从不缺少调剂，也不存在所谓闲暇的业余，然而外表光鲜完美的她，内心也藏着不为人知的阴影和伤痕。

安迪是一个孤儿，从未体会过家庭的温暖，内心的这种情感缺失使她不易相信自己会被人喜欢和接纳，甚至对与异性肢体接触都有着本能的排斥。其实，安迪也需要陪伴和支持，对于生活上的事情，安迪的经验十分欠缺，她从未使用过家里的厨房，缺乏基本的生活技能。对于谈恋爱这件事，安迪更是想都不敢想。然而，习惯于自我裹挟的安迪随着与其他“四美”的相处，逐渐感受到了大家的善意，紧闭心灵的阀门也被再次打开。而后网友奇点和小包总的靠近让安迪逐渐卸下了心理的防御系统，她开始试着和自己的“症状”相处。所以，亲爱的你们，单身生活固然美好，但如果能够摆脱“亲密关系恐惧”的症结，你将会发现两个人的谈笑风生比一个人看风景更加幸福和自由。

单身模式画像 6——自恋式单身

1. 我觉得我是一个特别有吸引力的人；
2. 恋人的赞扬与关注对我很重要；
3. 我是独一无二的，应该享受特别的宠爱；
4. 我总是觉得恋人配不上我。

第 6 章

自恋式单身

自恋式单身群体对于自身价值都有着过高的预判，他们处处觉得自己有优越感，自己是最独特的。

"你为什么单身？"

"太爱自己，没办法爱别人。"

案例：自恋是 TA 谈过最长的恋爱

自恋是每个人生来就具有的行为，当我们还是嗷嗷待哺的婴儿的时候，觉得自己就是整个世界，就像井底的青蛙，以为自己看到的井口就是天空。随着年龄的增长，有些人会逐渐改变自己的这种认知，而有些人却仍然沉浸在自身这股强烈的优越感当中，他们对于自己的各种条件过于盲目自信。这种"自恋"让他们在感情生活中屡屡受挫却不自知。明明感觉自己很优秀，为什么总是无法脱单？原来，都是"自恋"惹的祸。

浩然是一家房产公司的销售，早已过而立之年的他并没有像老一辈所说的那样立业成家，而是整天看似忙忙碌碌，实则得过且过，拿着勉强足够解决自己温饱的工资，在一个不大不小的城市里过着简简单单的生活，而由于总是熬夜打游戏、吃高热量的食物，浩然的头发越来越少，肚子却越来越大。但是浩然对于这一切完全不在意，他觉得自己是一个很有才华、很有能力的人，而领导没有眼光，才没有发现自己的长处。他在感情中也是如此，身边的朋友和同事一个接一个步入婚姻，而浩然却连恋爱的对象都没有，他总是很疑惑，为什么自己的朋友和同事长得不如自己、能力不如自己，脾气也没有自己好，竟然还能被女生看得上，自己的灵魂伴侣什么时候才能出现呢？那一定是一个身材窈窕、长相甜美、勤俭温良的女孩。

恰巧新入职的可欣就是这样一个女孩，浩然对可欣一见钟情并展开了猛烈的追求，他每天都会给可欣带早餐、买奶茶，对其鞍前马后地付出，他相信，像自己这么优秀的男人，只要自己的表现到位，就一定能够收获爱情。可欣明里暗里拒绝了浩然好多次，同事们也都劝浩然放弃，毕竟两人的年龄差距也略大，但浩然都置若罔闻：“小女生嘛，欲擒故纵而已，我懂的，我有自信会让她喜欢上我。而且年龄哪是问题，现在的小女孩不就是喜欢我这种‘大叔’嘛。”浩然仍然继续坚持做着他认为能够俘获可欣芳心的事情。

就这样又持续了一段时间，浩然觉得时机差不多了，再次向可欣表白。由于这段时间浩然的表现对可欣造成了非常大的困扰，可欣毫不留情地拒绝了浩然，并告诉他自己是不会喜欢他的，希望他以后不要再纠缠自己了。这样的拒绝让浩然有点下不了台，同事们都来安慰他，虽然浩然被拒绝的时候有点难堪，但是过后他却不以为意了，他觉得可欣没有接受自己是可欣的损失，没有了自己这样鞍前马后的照顾与帮助，可欣肯定会不习惯，毕竟她再也找不到像自己这样关心她的男人了，她一定会为拒绝自己而感到后悔的。

没有了浩然的“照顾与帮助”，可欣的生活过得开心极了，同事们都能看出来可欣又回到了刚来工作时的状态，每天都积极向上，正能量满满，情绪变好了，工作也越来越顺利，圆满地完成了项目并受到了领导的嘉奖。然而，这一切在浩然的眼里却又变了味道："强装不在意很累吧。没有了我的关心，可欣心里一定很痛苦，只能把精力寄托于工作了。"

君不解我意，孤芳唯自赏

在生活中经常有这么一类人，他们每天做着黄粱美梦，自身没有什么本领，却认为自己"力拔山兮气盖世"。"本事不大，口气不小"，认为自己就应该配白富美，女生投射过来一个眼神，他们的脑海里就开始上演梁山伯与祝英台的故事，这就是本章要分享的自恋式单身。

"理想很丰满，现实很骨感。"自恋型人格的男生，通常对自己都有着极强的自信心，他们坚信只要自己伸一伸手，那么美好的爱情一定会如约而至。他们甚至觉得，那个能和我在一起的女孩，可真是"拯救了苍生"，才能有这样的福气。如果真的有这个女孩的存在，那她还真是拯救了世界上其他的姑娘。我们可以从上文中的主人公浩然身上剖析一下男生自恋时的所思所想。

为什么浩然会爱上可欣呢？

一方面，这是“想象中完美自己”的投射。案例里提到可欣完美契合了浩然对于自己灵魂伴侣的要求，身材窈窕、长相甜美、勤俭温良。为什么浩然认为这么一位“完美”的姑娘一定会爱上自己？因为他在潜意识里认为自己是“稀世珍宝”，工作上只是缺少发现自己这匹千里马的伯乐、爱情里缺少知音人士的欣赏。如果可欣能够和自己在一起，那无疑证明了自己真的是魅力十足的。

另一方面，这是“自恋”和“恋自”的混合作用。当可欣接连拒绝浩然时，浩然的第一反应不是难过、悲伤，而是认为这只是小姑娘的“欲擒故纵”，吊自己的胃口罢了。即使可欣的生活状态越来越好，浩然也只是认为可欣正在用坚强的外表伪装内心的痛苦。由此我们可以看出，浩然是多么地爱自己、多么地“恋”自己。

在这个故事里，浩然自恋归自恋，前期还愿意鞍前马后地为可欣奉献。而现实生活中，很多自恋式单身的人不仅格外自恋，还不愿意付出，只是静等幻想的美好来临。换个角度想，即使自己足够优秀，女孩子一定就会爱上自己吗？不是的。或许女孩子确实更容易被优秀的男性吸引，但是她们一定不会喜欢又自恋又不愿意付出的这一类男性。因为恋爱，终究是双方互相付出的过程。

每个人都会对爱情抱有美好的期望，但是当期望超过了实际水平，就变成了幻想。放下自恋，停止幻想，付诸行动，真的成为想象中那个优秀的自己，才能遇到优秀的那个她。

活在自画像房间里的人

“对我的赞美，才是最好的赞美，而所有的问题，都不是我的问题。”每个人都可以是坐井观天的那只“青蛙”，只是洞口的大小不一，让各自看到了不一样的世界，思想有了无限的差距。自恋式单身的“他”，却又给自己的“井壁”贴满了自画像，连看一看洞口上方的天空的欲望和能力都失去了。将自我形象过度膨胀、浮夸的“他”，或许早已让身边的朋友都已经对其麻木，任其在“他”独自搭建的舞台中央跳着孤芳自赏的蹩脚舞蹈。

习惯经常拿着放大镜欣赏自己优点的“他”，大抵上在自己的世界里活得很自在与潇洒，只是这份自在与潇洒可能会让周围的朋友们无法承受。得过且过、工资只够温饱、生活简单、发量下降，等等，是浩然的特征词汇，可偏偏深埋性格底色为自恋的他并没有看到并接受自身的这些负向评价。盲目的自信最可怕，就像夜郎自大是无知者、好辩者的天性一般，因为周围的朋友们根本无法通过语言让浩然意识到自身的不足，并且降低自己的期待和对自己的评价。不得不承认的是每个人都有着自己独特的价值，然而，当这份对于自我价值的自我认知出现过分夸大的现象，便会让自己的一切追求如同无根浮萍般不切实际，浩然对于可欣的追求便是如此。表面上百般努力的浩然的确用心在追求可欣的路上精心设计了很多场表演，只可惜这一场场表演的“演员”，从一开始就不为可欣所接受，甚至是否定。这场没有结果的追求，局外人或许早已看透一切，只有浩然一人执迷于“过分的自我认知”。或许对“浩然们”最实际的一句话就是：“浩然，你并没有自己想象的那么优秀。”然而对于类似的话，或许“自恋式单身”群体的朋友们早已经用各种各样的方式对“浩然们”表达过无数次，只是被“自恋式”聊天法一一回击，从此更是少有机会能让他们走出这个贴满自画像的房间。

活在别人的偏见里是自卑，活在自己的偏见里是自恋。前者会左右自己的想法，后者会让自己的想法横行无忌。在这场追求爱情的赛道上，如果一开始就跑偏了，人又怎么可能抵达终点呢？就算在这个偏离轨道的路途中见到了美丽迷人的风景，那也只是暂时的“水中月、镜中花”，走不出自己的“荣耀城堡”，永远看不见已经领先于城堡几百年的现代化大都市。

自恋式单身群体人格素描：“自恋”是每个人与生俱来的

1. 自我优越感，爱上我是你的福气

心理学家弗洛伊德表示，“自恋”是每个人与生俱来的，因为在婴儿时期，我们缺乏对外面世界的认知，天真地以为自己是世界的中心。但随着年龄的增长，这种与生俱来的“自恋”会随着阅历、经验等而慢慢转变，然而，总有一部分人无法改变“全能自恋”的状态，认为自己一个人就是一个世界，一个人就是一部完美恋爱史。自恋式单身群体对于自身价值都有着过高的预判，他们觉得自己哪里都有过人之处，自己是最独特的。

这种与生俱来的优越感使他们认为自己是最优秀的，越是意识到自己的与众不同、独一无二，他们越难与他人建立亲密关系。

2. 存在于想象中的一对璧人

自恋式人群往往会幻想自己拥有至高无上的权力、荣誉、美丽的外表、聪明的头脑，幻想所有人都对自己热情相待。在爱情中也是一样，自恋式单身群体往往对理想主义的、完美的爱情抱有不切实际的幻想，自恋式单身群体觉得自己就该配“白富美”或是“高富帅”，在一场聚会中，所有的异性都该围着他转，哪个异性多看他一眼，他都会觉得是爱情来了。在文化多元的现代社会，影视作品、文学作品对人们的影响越来越深，影视剧、小说中的暖男、霸道总裁、白富美等形象成了完美恋人的代表，令更多的青年男女幻想有影视剧般的完美恋人。而这种影响在自恋式人群的身上表现得更加淋漓尽致，他们认为像自己这么优秀的人，一定要配偶像剧里的男 / 女主。他们甚至把这种理想化的恋爱当作信仰进行供奉，宁愿一直单身，也要坚持自己对完美爱情的追求。可是幻想终究是幻想，现实总是与想象有着巨大的差别，所以他们会在一次次幻想中遭受挫败。

3. 因为自我感觉优越而难换位

自爱是爱其他人的前提，是每个人都应该拥有的能力。但自恋式人群不仅完全相信自己，他们还有浮夸式自恋和虚弱式自恋。自恋式单身群体在面对人与事时，放在第一位的永远都是自己，同理心不足是他们最明显的特质之一，也是直接导致其自恋式单身的重要原因。自恋式单身群体比较不容易感受到他人的付出，这也势必会将其挡在亲密关系之外，因为恋人之间最需要的就是理解与包容。弗洛姆曾表达过这样的观点：不成熟的爱遵循“我爱因为我被爱”的原则；成熟的爱遵循“我被爱因为我爱”的原则。自恋式人群的爱就像是不成熟的爱，幼稚、脆弱、自我。自恋式单身群体的单身，既是主动的也是被动的，他们因为太爱自己而主动单身，因为太过自我而被动单身。

4. 亲密关系中的付出感

自恋式单身群体在一段关系中往往容易有付出感，他们认为自己可以付出，但自己的付出必须要得到相应的回报，因为这份付出并非出自心甘情愿。他们的付出是为了体现自己的价值，以此获得成就感。他们在向恋人给予的时候，便有一种居高临下的优越感，这类自恋式人群往往属于虚弱式自恋；还有一类自恋式人群认为自己足够优秀，即使什么都不付出，也能得到异性的青睐，这属于浮夸式自恋，真正的爱是不计较，心甘情愿的付出。

自恋式单身群体心理图式：自恋式单身群体的关系模式是内求的

自恋式单身群体的关系模式是内求的。对于他们来说，一个人就是一个完整的世界，而且这个世界的破冰之旅似乎随着年龄的增加而愈发困难；个体的思维、认知、行为模式已经形成特别自恰的逻辑与自我完整的生活，使得与异性相处成为一件不容易的事。

自恋式单身群体关系模式从 1 到 2 的突破，即从“我一个人就很好”“我是自给自足的”“我是优秀的”“我不需要另一个人介入我的生活”等，到“两个人也不错”“两个人也许更好”，信念的改变似乎会带动认知的变化，也会诱发固定行为模式的松动。

自恋式单身群体从小受到家庭的保护，他们也许在生命成长的过程中经历过痛彻心扉的爱的创伤，因此从掏心掏肺地爱别人转向一心一意地爱自己，随着年龄的增加与认知的提升，使得他们更加不主动也不愿意花费精力打开自己的空间，让异性介入自己的生活。

自恋式单身群体的个人品质非常好，他们有着自己的核心社交圈，甚至异性缘也很好，只是缺乏足够的意愿与动力开展一场属于自己的恋爱，将自己交托给对方。

自恋式单身群体的社交局限：虚弱甚至自负

自恋式单身群体普遍都会过分地自恋而产生虚弱甚至自负，他们认为自己是独特的存在，在和其他人交往中很难接受他人对自己有任何一点不好的看法，并且根本不在乎对方是否理解或者喜欢他们，因为自恋式单身群体在乎的只有他们心里“自己才是最棒的、最好的”，他们需要的是不停地恭维他们、崇拜他们的人，以满足自己的虚荣心，而那些真心给他们建议的人往往不会出现在他们的社交范围内，但其实他们的内心是渴望爱情的，事实上却很少有人被他们吸引、愿意与他们交往，因为很少有人会认为一味地自大而看不到自己身上的不足的人是成熟的且值得交往的。

此外，自恋式单身群体会习惯性地以自己的感受为主，而不去感受他人的情绪，甚至不觉得他人会有情绪，他们把他人都当作执行自己命令的人。因此，自恋式单身群体往往会因为很少设身处地地替他人着想，或者同理心不足而渐渐地与身边的人疏离，但是他们并不认为自己有值得反思的部分，反而会觉得是其他人不懂自己、无法理解自己，然后怡然自得地沉浸在自己的世界里。

同时，自恋式单身群体要求自己身边的人应该无条件地顺从自己，也就是说，无论是友情还是爱情，他们永远都会处于优越者的位置，拥有很强烈的付出感，但是他们觉得自己不情愿，并且要求对方对此进行回报，因为他们的这份付出并非出自真爱。因此，他们在亲密关系中的自我冲突较多，反而一个人时较为自洽。

自恋式单身群体突围：学习内省与自我反思

1. 爱就一个字

自恋式单身群体也许不是需要一个恋人，而是需要一个懂得他们的人，因为懂得他们，所以会更加包容他们。真心爱他们的人会懂得他们“自恋”的外表下那颗柔软且容易受伤的心，也会懂得他们内心真正的需求。如果你是自恋式单身者，那么你需要做的事情就是静等那个爱你、包容你、懂你的人，那个人也愿意静待花开，看着你在爱中慢慢卸下伪装。

2. 在真实的生活中体验爱

自恋式单身群体如果想要结束单身生活，那么最应该改变的就是自己内心“过分的优越感”以及“自我陶醉的情结”。把自己对爱情美好的期待从幻想中抽离，主动走入现实生活中，接纳真实的自我与真实的世界，学习与脚下的大地、与你身边的同事、与人间烟火产生真切的联结。

爱情需要真心、真诚、真切地体会对方的感受，并且感同身受，找到彼此适合的点，并且打破自恋的滤镜，看到真实而不愿意面对的自己，这既需要勇气更需要契机，一个温暖的爱人往往是前方照亮你的灯。

3. 爱需要在自我反思中成长

无论是对拒绝自己的追求对象不可遏制的愤怒，还是一味渴望或者要求暧昧对象为自己付出，都是因为缺乏对他人的尊重与理解。学习内省与自我反思，是自恋式单身群体成长的关键一步，而有的人一生都没有迈出去这一步。当我们真正意识到自己的状态时，而且在遇到真爱并愿意交付时，这就是一个刚刚好的契机，我们可以在爱中改变。

4. 自我蜕变，你会发现全新的自己

每个人都是与众不同的，爱情中的成长就是借由恋人来实现自我蜕变，而且是在潜移默化中，春风化雨式的。有的自恋式单身群体在遇到真爱与懂得自己的人面前，盔甲顷刻化为烟云，这需要向前一步的勇气，也需要一点刚刚好的机缘。

最适合自恋式单身的你的 TA 是谁

完美的人自带自恋体质，

而 TA 则是洒脱率性，

因为你的特别而被你吸引，

只为爱而全然接纳你，

TA 会理解你自恋背后的怯弱，

你们会因为更懂得彼此而接近彼此。

爱是一个动词，

双向奔赴的情感里饱含着两人的成长。

爱本身便是生活中的修炼场，

当两人看到彼此时，

势均力敌的爱便产生了。

自恋式单身影视剧推荐——《粉红女郎》

《粉红女郎》是由朱德庸漫画改编的都市爱情剧，在 2003 年 4 月首播，迅速引发了收视热潮。这部剧讲述了四个不同类型的女孩子的故事。其中，万人迷万玲是大家眼中的“尤物”，是一个走路摇曳生姿、风情万种的人，她将自己在爱情修罗场上的经验都总结成了众多陷入爱情困惑的女孩们梦寐以求的爱情宝典，例如，《大众情人学习手册》《吸引男人三十六招》《与男人分手的十大守则》《对情人说谎的方法》《二十种不能交往的男人》，姣好的外貌和丰富的实战经验也让她成了电视台情感节目专栏的主持人“粉红姐姐”。然而在无数男人为之向往、无数女人为之妒忌的背后，她的生活过得并不像表面那样光鲜亮丽。

家境殷实的她放弃了在香港稳定的生活，从秘书、模特到现在百货公司化妆品的柜台小姐，万玲换工作的速度也和换男人一样迅速，因为这些抛头露面的工作会让她更有机会遇到那个能配得上她的钻石王老五。追她的男人数不胜数，她从来不缺追求者，但却总是没有男朋友。万玲“一眼万年”的百货公司老板对她并不“感冒”，但却“利用”她的美貌来对付难缠的未婚妻，最后爱上了颜值远不如她的恋爱小白“结婚狂”。后来，明星李勇本来与她的恋情进展得十分顺利，但李勇身边又凭空冒出来个孩子，她又再次被迫分手，面对这样的窘境，她也依然以做人中龙凤、女中豪杰为目标，向往着上流社会的阶层。看似人间清醒的她千帆阅尽，得到的经验却全是血泪之谈。但是最后，她还是爱上了一个真心待她，却没什么钱的男人李白。那个男人一看到她就紧张地说不出话，牵着两只冠军犬，愿意为她做所有事情。就连明知是万玲的刁难，要"东海龙王角，虾子头上浆，万年陈壁土，千年瓦上霜"，他都尽全力去做。万玲想让他知难而退，但他义无反顾。李白向万玲走了 99 步，而最后一步，是万玲迈向他的。之前万玲对李白仅是感动，但到最后，却是完完全全的欣赏。再强烈的喜欢都不该凌驾于自尊之上，不该为别人牺牲做自己的权利。李白让她明白原来自己需要的并不是高颜值、高情商、富裕多金的另一半，之前的诸多要求不过是她受伤后捍卫自己的外衣。她内心真实渴望的是一份简单无保留的爱，建立在互相尊重的基础上的相爱。我相信，聪明如万玲，她始终还是想明白了宝典背后的道理。

单身模式画像 7——悬置式单身

1. 爱我的人我不爱，我爱的人不爱我；
2. 爱情总有一道附加题；
3. 兜兜转转爱情广场空无一人；
4. 我与理想爱情总差一厘米。

第 7 章

悬置式单身

悬置式单身群体一直在人群中寻寻觅觅，似乎永远都找不到适合自己的人，最后成为被爱情“遗忘”的优质人群。

“你为什么单身？”

“不敢追自己心动的人，又看不上喜欢自己的人，可能是缘分未到吧。”

案例：从挑到被挑

我们都期待拥有一段完美的爱情，希望能够找到一个和自己情投意合的伴侣，可随着年龄的增长，却发现爱情不是幻想中的样子，并不能像我们想的那么美好。总有各种各样的主观、客观条件，让我们既找不到那个“适合”的人又无法将就，只能看着周围的朋友一个接一个步入婚姻，而自己好像被“剩”下了。这让我们很疑惑：我的要求也不高，只想找一个对自己好的人，怎么会这么难呢？

书瑜也有这样的烦恼，长相姣好、性格开朗

大方的她在朋友心中应该是最容易“脱单”的那一位，但挑挑拣拣到最后，她却连个交往的对象都没有。书瑜自认为是个“颜控”，于是朋友投其所好给她介绍帅气的男士，可她却觉得对方除了长得好看，其他方面都不行，尤其是工作太差了；朋友给她介绍工作好、收入多的男士，书瑜就觉得对方学历低，与自己很不般配；朋友给她介绍长相、学历过得去，工作也不差的男士，书瑜觉得对方家庭与自己不登对……就拿上个月刚与书瑜见面的张浩来说，张浩长相帅气，有着稳定的工作、踏实的性格，父母都是医生，家庭背景良好，在朋友看来各方面都与书瑜很般配，但是最终却也不了了之。闺蜜娜娜恨铁不成钢地问她到底是哪里不满意，书瑜说：“他是很好，但我和他没有共同话题，我说什么话他都接不了，我们在一起很尴尬，完全聊不下去。”而问到书瑜想找个什么样子的恋人时，书瑜还是那句话，“我真的没什么要求，对我好就可以了。”

“对我好”三个字看似很简单，其实包含了太多的隐性条件。书瑜作为一名优质女性，她本身的客观条件是显而易见的：外表靓丽；拥有硕士学历；在高校任职，工作稳定；父母都是公职人员，家庭背景好……当他人给书瑜介绍对象时，如果对方的客观条件与自己不太匹配，书瑜总是笑笑就岔开了，在书瑜的认知里，以结婚为前提的交往，门当户对是一个不可逾越的标准。所以虽然书瑜没有明确提出来自己对未来恋人的要求，但是她的“没什么要求”里已经包含了太多的要求了：年龄相当、学历相近、家世良好、工作稳定高薪……而当对方符合这些外在的客观条件时，书瑜又希望对方能够理解自己的想法，与自己有共同的兴趣爱好，能够温柔体贴，照顾到自己的每一个小情绪。

了解了书瑜的想法后，娜娜气笑了：“这样的男人当然有，但是他们很难让你遇见。这样的男人要么早已结婚，要么人家也有更高的追求呀。毕竟优秀的人总是非常抢手的。”

自己的要求真的高吗？书瑜不理解，她只是想找一个差不多符合自己心意的人而已。前几年的时候明明身边还有很多这样的男生，自己筛筛选选希望能够找到与自己最契合的那一位，家人朋友也都说不用着急，自己值得更好的人，可为什么现在只是过了几个生日，情况就变得截然不同了呢？“你值得更好的！”变成了“就不能将就一下？”

书瑜进入了一个进退两难的情景，按照自己现在的想法，她在现实中总是在不断碰壁；而要让自己降低标准将就一下，她的内心却又十分不甘。

在高不成低不就的尴尬中，书瑜被自己束缚住了。

爱的附加题，总也做不完

现在有一个词语非常热门——高质量单身。顾名思义，有些人虽然羡慕情侣，羡慕爱情，但她们却不轻易找对象。很多人信奉着“高质量单身胜过低质量恋爱”的理念，尤其是对于在工作岗位上奋斗了很多年的女性而言，她们有着体面的工资、成熟的心态、良好的交际圈，对爱情的筹码也在随着自身的进步不断加大。这就是我们今天要分享的悬置式单身。

情窦初开时，我们会很容易因为一个笑容、一个拥抱，甚至一个声音，而迷恋上一个人，单纯到没有任何标准。随着自我思想的成熟、自身条件的提高，对恋人的要求开始层层加码。当“待转正”的对象有钱时，就开始考虑学历；当对方有钱又有学历时，就开始考虑两人是否志同道合。而在历经千帆后发现自己仍是孤身一人时，不免发出疑问：“为何爱情不能来到我身边？”其实，爱情可能真的来过，故事中的主人公书瑜，前几年的时候身边还有很多追求者，但是就在自己的筛筛选选中，爱情被悄无声息筛走了。

对于悬置式单身的女性而言，她们深知自身优点，因此在找对象时就容易抱有较高的期待。其实在爱情的社会学中，传统的“郎才女貌”，郎才与日俱增，男性恋人的年龄兼容性更强，职场上的强者反而在婚恋市场上并不占优势。悬置式单身群体常常给自己出难题，也许并不在于解决难题的程度有多困难，而在于两难——我们究竟适不适合？最后高不成低不就的状态，为难了自己，也束缚了自己。

有个词语叫“单身贵族”，也就是单身的人像贵族一样尊贵。可是随着时间的推移，过了懵懂恋爱的年纪后，心智越成熟，考量的事情就越多。可以问问自己要从爱情中获得什么，是单纯为了得到一份爱，还是有爱的附加条件？你爱上的究竟是这个人，还是他答的“附加题”？

白马王子只存在于你的“乌托邦”

“当我满心欢喜地把我千般努力为你扎好的手捧花送到你眼前的时候，你却告诉我更想要我为你画一幅肖像画。和你相处这么久，不禁让我疑惑，难道恋爱也要‘层层加码’吗？每次我感觉自己好像离你更近一步的时候，你却总是告诉我，你还想我做到更多。这座追求你的爱情山，我实在登不了顶。”

在寻觅另一半的过程中，“书瑜们”的脑海里好像总能出现新的要求，终于在一次次的尝试后“劝退”了对方。每个人的心里应该都住着一位“完美的 TA”，可就像用手永远也画不出完美的圆一样，满足自己全方位要求的另一半可能只适合作为一个“靠近的标准”。“悬置”已久的“书瑜们”，好像永远困在了自己用心打造的“爱情乌托邦”里，实践着对感情的“完美主义”，在现实中不断地画出条条框框筛选着中意的“他”、给自己的感情不断搬出新的门槛，换了又搬、搬了又换。好像永远有着新标准的“她”，终于在一次次的“触不可及”中否定了和“他”继续走下去的可能。对于书瑜而言，“学历、长相、家庭、性格、工作、爱好”大抵永远不是内心“完美男友”的全部，一句“没什么要求”应该也让身边人充满了无奈。走不出这个可望而不可即的“完美的圆”，也就不可能遇到能够真正走到一起的“他”。相信在“书瑜们”的生活经历中也会偶尔遇见让自己感觉不错的男性，但同样也可以想象，一旦开始接触，“书瑜们”一定会在不断相处的过程中接连发现一个个“他”的缺点或不足，再次“悬置”也就成了“书瑜们”的最终结局。追寻爱情当然需要灵魂契合、多方合适，但同样也需要明白“他”一定会存在某些方面的欠缺或不足，如果只因某一个方面的问题就全盘否定了“他”的一切，又有谁能符合要求，真正走到“你”心中呢？有人说爱情终会成为亲情，时间会充分证明长久的感情一定会是一个彼此发现缺点并且不断磨合的过程，如果一开始便因某一方面的问题全盘否定，又有谁能在这场“爱情双选”中成功牵手？生活教会人改变，对自己说改变是不再碰壁的最佳选择，进退两难不如另辟蹊径，而这蹊径就需要用不一样的眼光和想法去发现。

不想一个人走路，就需要找一个同伴；不想忍受孤独，就需要学会改变。左顾右盼不会找到理想世界中的白马王子，或许他只适合存在于“乌托邦”中。不想“悬置”，就要“落地”，那也就别再担心鞋上会沾泥。

悬置式单身群体人格素描：一直在人群中寻寻觅觅

悬置式单身群体抱着“宁缺毋滥”的心态，一直在人群中寻寻觅觅，似乎永远找不到适合自己的人，成为最后被爱情“遗忘”的优质人群。

1. 真爱一个人需要一点勇气

悬置式单身群体之所以容易陷入高不成、低不就的境遇中，既与个性中的随遇而安、内敛等有关，也与过去不成功的恋爱经验相关，还与个人成长的经历相关，背后也与自我认知与评估相关。例如，别人眼里对他们的综合评价是 75 分，而他们会给自己打 85 分，并追求 90 分以上的恋爱。这十几分的评价偏差，往往会影响爱情的走向。刚刚好的爱情其实不是一眼就能望到的，而是在慢慢相处中获得的。

2. 悲观的谨慎

对于自己的另一半，我们总会谨慎观察，用自己内心的恋爱标准去衡量这个人是否符合自己对另一半的期待。悬置式单身群体总是说着自己对恋人无标准，但往往隐含着更多的内在标准，他们可能总是说“没什么要求”“对我好就行”，但真正面对另一半时，他们又会提出各种各样的要求。缺乏一个清晰、明确的择偶标准，会令他们在择偶时显得随意却又框架多。面对综合条件稍微不如自己的人时，他们会给予全盘否定；而面对合适自己的人时，他们又会觉得对方没有达到自己理想的样子而错失机会。

3. 与理想爱情差一点点

生活中一定会出现一两个和自己年龄相当、兴趣相投、学历相近，相处起来也较为融洽的人，但好像一谈到要和他们谈恋爱，悬置式单身群体就又会附加各种门槛，除了工作、家世这些客观条件，还要细致到观察对方的生活、作息习惯是否与自己合适，而这其中如果有一条不满足他们的要求，他们便宁可单身。爱情需要“不将就”本身并没有错，但在“将就”与“不将就”之间还有一个空间。爱情需要“抓大放小”，“大”指原则性、不能妥协的问题，如人品、三观、本质等，“小”则是一些无关紧要的个人习惯。没有百分百合适的情侣，也没有为你量身打造的恋人，一个人只要符合你对伴侣要求的 80% 就足够了，剩下的 20% 需要两个人互相磨合和相处。

悬置式单身群体心理图式：
爱是深深的理解与接纳

心理学家罗杰斯认为：活着是一种专业，愉快地活着是一门学问，爱是深深的理解与接纳。在现代快速高压力的生活场景下，悦纳自己、接纳对方越来越成为一门技术，给对方留出一点空间，给自己一点机会，增加彼此的了解度、相容度、接纳度，越是经济独立、知识层次高的人，对自己和对方的要求也就越高，在居高不下的双高压力下，年龄也在悄悄攀升，而高质量单身的性别际遇并不完全相同。

婚恋市场中的女性随着年龄的增加，其竞争力总体在下降，而女性天性中的慕强心理使女性在恋爱这件事上的兼容性较弱；

经济的独立必然带来女性的不妥协与不迁就，与此同时社会竞争压力的增加使得优质单身男女相见与相处的机会变少；社会文化对单身男性的包容度更高，使他们有更多的机会等待爱情来敲门；有些男性的心理相对晚熟且慕美心态使其更愿意寻找对自己上心的女性；这样适配的单身男女在现实生活中往往会擦肩而过。

爱就是不迁就，愿意你成为想要的样子，前提是我们要真心投入其中，从年少时的奋不顾身，到心理成熟时的驻足彷徨，也包括我们的心路历程，来自心理上的自足感、丰满感。先从“一个人刚刚好，两个人很冗余”的状态中向前一步，才能突破自我认知限制，看到更加开阔的天空，遇到更加美好的未来。

悬置式单身群体的社交局限：一直在等待和抉择中度过

宋朝的陈师道在《宿柴城》一诗中写道："起倒不供聊应俗，高低莫可只随缘。"意思是说高者无力得到，低者又不屑迁就。这种想法和心态恰恰映射在了如今的悬置式单身群体身上，这句话背后也凸显出了这类群体的情感走向。

微笑面对身边的每一位亲人朋友，可一旦谈及感情问题，悬置式单身群体就不那么急切了，其父母倒是火急火燎，到处牵线搭桥。他们表示对待感情并不想如此草率，即使面对追求者的关心爱护，他们也会用"三纲五常"似的隐性条件默默为其打分，如果对方低于自己的期望值，或者是对方某些条件无法满足自己的要求，便会被排除在自己的选择之外，但若是对方各项条件都很符合自己的要求，他们在欣喜之余也会有所顾虑，是否自己也能够达到对方的要求呢？对方是否也会通过给自己打分来进行选择呢？

如此，悬置式单身群体一直在等待和抉择中度过，邂逅机会，等待最佳资源匹配，可是在这个社会中个人优质资源有限，哪有那么多的如意搭配。更多的大龄男女骨子里不想迁就，有的抱着宁缺毋滥的心态，所以就这么一直熬着。

在面对可选择的交往对象时，不妨试着先不拒绝，尝试先行交往，比如，虽然他可能没有那么强的工作能力，但他可以是个很好的顾家的男人。如果换作别的男人，也许你会更不喜欢。

物以类聚，人以群分，当你希望遇到一个优秀的人之前，请先确保自己足够优秀。

悬置式单身群体突围：
看看那个真实站在你面前的人吧

1. 放下标签

每一份纯真的爱情都是价值连城的宝物，无法用任何单位来衡量。想要得到爱，需要付出的是一颗能够感受爱的真诚之心。悬置式单身群体往往会在自己身后藏一张号码牌，上面写着在爱情市场上自我的评估分数，面对异性时，他们会不自觉地以学历、年龄、工作、家庭背景等标签来衡量对方是否符合自己的要求，并对其打分。要知道，影响幸福的重要因素往往不是这一张张被明码标价的标签，不如看看藏在标签身后的那个真实站在你面前的人吧。

2. 在关系中成长

心理学家威廉·詹姆斯讲，人类最深处的需要，就是感觉被人欣赏。爱人与被人爱，也是一种成长，当我们为爱留出一个空间时，可能会与爱情撞个满怀。

3. 适度谨慎，抓住时机

就像这个世界上没有两片完全相同的树叶一样，这个世界上也没有完全相同的两个人，因此，想找到一位仿佛为自己量身定做的另一半，是一件很难的事情。凡事都有个度，试着改变自己一层又一层谨慎地筛选式找对象的模式，学习一下“抓大放小原则”，可以尝试着去接触一下 80% 符合自己预期的异性，不要因为那 20% 的“小”就将对方拒之门外。时机也很重要，一次又一次的尝试，你可能就会找到那个合适的人。

最适合悬置式单身的你的 TA 是谁

能让爱落地的，

是那个看似笨拙朴实却清醒的 TA，

TA 有着明确的恋爱目标。

那个在爱情中人间清醒的 TA，

可以让你“安全着陆”。

爱情不是恰恰好的乍见甚欢，

而是日益亲近、久处不厌。

两个拥有成熟人格的个体，

会在慢慢相处中打开心扉，

接纳彼此，共建美好。

悬置式单身影视剧推荐——《父母爱情》

《父母爱情》是由孔笙执导，郭涛、梅婷、刘琳等主演的家庭情感剧。该剧主要讲述了海军军官江德福和资本家小姐安杰相识、相知、相爱、相守的50年爱情生活。剧中40年坚守无爱无性的葛美霞，与安杰一样同作为“出身不好”知识分子，两人的命运却截然相反，葛美霞高不成低不就地错过了最好的婚嫁年龄，活得小心翼翼，一直夹着尾巴做人。而最令葛美霞羡慕的安杰，却嫁了能给她遮风挡雨、让她活得无忧无虑的丈夫。某种程度上，江德福成了葛美霞的“理想型”，葛美霞想嫁给一个能让她获得名分和物质，能为她遮风挡雨又能护佑其左右的男人。

葛美霞对待婚姻，从来没有降低过标准。葛美霞和安杰一样，都是自命清高又不肯受命运摆布的人，一般人都无法入她们的眼。葛美霞受出身的影响，在岛上愿意娶她的人少之又少，再加上她挑剔的眼光，拥有婚姻更是难上加难。所以安杰认识她时，她已经是岛上出名的“老姑娘”了。连王振彪的儿子王海洋都笑话她：“也不看看自己是谁，还挑肥拣瘦，人家不嫌弃她就不错了。”面对岛上的风言风语，葛美霞不是听不到，但她从来没有因为这些言语就改变自己的初心，降低标准嫁人，以堵住悠悠之口。她熬过苦斗，等来了老丁，这个根正苗红又有文化的鳏夫，几乎是她人生中可以触及的最好的对象。恢复教学工作的她，勇敢地和老丁恋爱了。两人谈婚论嫁，那大概是她盛年生命最绚烂的时光。可是美好仅昙花一现，在王振彪从中作梗下，老丁临阵退缩，葛美霞的盛年之花快速凋零。后来，岛上来了才华横溢的夏老师。夏老师擅长绘画，对教美术的代课老师葛美霞而言，擅长绘画简直就是镶着金边的梦想。“人少，则慕父母；知好色，则慕少艾。”情感生活匮乏的葛美霞，就像少女一样情窦初开，爱恋上了夏老师。但夏老师是有家室的，这阻挡了葛美霞的第二段感情的奔现。人生过半，连江德华都在胡搅蛮缠后，如愿以偿嫁给了她爱的老丁，而安杰的几个孩子也已经陆续长大成人，葛美霞却依然孤身一人，在小岛上茕茕孑立。这时王振彪的妻子张桂英病故，早已离岛的王振彪迅速托人，向还在岛上的葛美霞发起结秦晋之好的邀约，葛美霞毫不犹豫地答应了。

葛美霞嫁给王振彪，离开小岛，在人生的下半场，终于过上了她曾经渴望的日子：有一个大大的院子，布置得别致雅静，她悠闲地坐在亭子里，喝着咖啡，一如当年第一次在安杰家喝咖啡那样。

单身模式画像 8——社恐式单身

1. 与异性约会对我而言是一件特别困难的事情；
2. 我在心里演练了一万遍，可他出现时我依然没有勇气迈出那一步；
3. 虽然羡慕那些甜蜜爱情，可我就是没有勇气；
4. 我暗恋的人坐在身边，可我不能向前挪动一步。

第 8 章

社恐式单身

社恐式单身群体往往更愿意一个人面对自己，他们常常因为羞涩、焦虑、担忧等社交情绪而错失良缘。

"你为什么单身？"

"为避免结束，我拒绝开始。"

案例：为避免结束，拒绝开始

子轩是一家公司的技术员，工作勤勤恳恳，从来不抢风头，总是一个人默默地做事，这让同事觉得他是一个很靠谱很踏实的人。但只有子轩知道，自己好像自带天然的屏障，想将所有的人与物都阻挡在外面，一旦有人接近，就会莫名紧张，心跳加快。上学时，子轩就独来独往，每天往返于宿舍、食堂、教室，没有其他的社交，迫不得已参加班级活动时，子轩总是一个人默默地待在角落玩手机，尽职尽责地做着一个"隐形人"；工作后，子轩又成了防控条例的坚决拥护者——非必要不聚集，能用微信打字联系就绝对不打电话，路上遇到认识但不算熟的同事就算多绕路也想要避开，因为真的不知道如何与不太熟的人打交道，一开口就会觉得很尴尬很别扭。

尽量避免与不熟的人进行交际，更喜欢自己独处的子轩把这种状态也反映到了感情中。上大学时，子轩喜欢上了同班一个女生，那个女生看起来就是很擅长交际的类型，她性格活泼善言谈，与谁都能打成一片。子轩脑海里不止一次想过主动与那个女生打招呼，慢慢地和那个女生成为朋友，最后告白。但是真的遇到那个女生的时候，子轩就变“怂”了，无数个担心的问题从脑海里跑了出来：突然找她，她会不会觉得很尴尬？搭讪之后她觉得我很无聊怎么办？脑子里想要搭讪，可子轩的身体却不断在逃离。去超市时遇到她，子轩也会默默地躲在一边，不但不敢上前打招呼，还害怕对方发现自己；坐电梯时遇到她，子轩宁可爬楼梯上 15 楼，也没有勇气和她共处同一部电梯中，因为害怕不知道说什么而导致自己十分不安。更让子轩想要“原地去世”的是，一次那个女生没来上课，子轩拿起手机想发个微信关心一下，却由于紧张而不小心按了视频键，那是一种什么感觉呢？心跳加快、掌心出汗、手足无措，大脑一片空白，子轩凭借习惯按了取消之后才慢慢地缓解下来。

随着年龄的增长，家人操心起了子轩的婚姻大事，毕竟空闲时间就待在家里怎么可能会认识到合适的异性呢？于是家人都劝他多出去走走，认识一下新朋友。但每当听到这些话的时候，子轩就处于一种放空的状态，这些外界的信息被他自然地屏蔽掉。面对这种情况，子轩的父母很着急，这些年来，他们招呼家人朋友给子轩介绍了好几位相亲对象。子轩也算配合，加上微信后聊得还不错，但是每当对方有意向进行线下约会时，子轩就又变得焦虑起来，脑子里胡思乱想，拿着手机不知道该说什么，见面后该聊些什么？见面后她会不会觉得我过于木讷不善言谈而讨厌我……这种焦虑不安的感觉让子轩无所适从，最终还是找借口拒绝了线下约会，当看到对方发来的“没关系，下次约”之后，子轩就会产生一种如释重负的感觉。但是，这种迂回的拒绝多了，对方也就不再继续发消息给子轩了，子轩依然单身一人。

一次，子轩的发小铭看不下去了，叫子轩出去吃饭，中途把同事欣怡叫了过来，想要介绍给子轩认识。只和铭在一起的时候，子轩的状态还不错，毕竟他们是从小一起长大的朋友，对彼此非常熟悉，但是当铭打了个电话说自己的同事就在附近准备过来的时候，子轩就开始变得很紧张了，尤其是子轩知道来的还是个女生，铭的意图昭然若揭，子轩突然心跳加快，默默地祈祷这个女生突然有急事来不了。但欣怡很快就过来了。一看到身材高挑的欣怡后，子轩的脸立刻红了，而两人不经意的对视让子轩感觉更紧张了，子轩手足无措，完全不知道眼睛该看哪里，手该放在哪里，子轩假装喝水，可是拿起杯子的手都在颤抖。欣怡坐下后开始聊天，除了最开始铭介绍子轩时，子轩点了点头，后面子轩一直低着头，几次想要找个话题，但总是开不了口，感觉自己完全插不进话。最后，就在子轩的不安中吃完了这顿饭，而从头到尾，子轩和欣怡都没有过多地交流过。

绽放在自己内心的爱

你是否越想认识新朋友，脚越像灌了铅似的迈不开？

别人可以和异性谈笑风生，而你一开腔就磕磕绊绊？

当手机已经打好了一串表白的话时，又默默地一个字一个字删除？

在满是社交牛人的环境里，你只能待在角落，独自悲伤？

你是真的不想交友，或是真的不愿意给别人机会吗？其实不然，只是当社恐来临时，又如何抵达幸福呢？如果社牛是时刻绽放精彩，那社恐就是“请让我独美”；如果社牛是让别人叹为观止，那社恐就是让自己瑟瑟发抖；如果社牛是“只要我不尴尬，尴尬的就是别人”，那社恐就是“我是谁、我在哪里、我要去哪里”。

社恐的人，害怕谈恋爱，害怕接触异性，害怕结束与分离，所以他们宁愿不开始。也许你认为，“我一个人生活一个人走路，我完全属于我自己，不需要趋炎附势，不需要故作社会，我只需要做自己就好了”，但人最终要学会和世界和解，才能更好地成为自己。

要想摆脱社恐式单身，你首先要明白自己恐惧的是什么。故事里的子轩，害怕和所有半生不熟的人交流、对心仪的姑娘表白，甚至一句最简单的“你好”都无法张口表达。社恐的你，要明白自己在恐惧什么？是恐惧所有有人的地方，还是恐惧特定的人、特定的场景，还是那个令人心动的姑娘让你无法开口？

当明白自己恐惧的点后，再来思考一下为何自己会社恐呢？是对自己不自信，认为自己无法 hold 住那个优秀的 TA？还是害怕自己的节奏被打乱，不敢面对未知？其实每个人都会习惯于把优秀外显而把缺点内隐，他想展示的一定是想让别人看到的那一面。

学着反向“自我标签化”。冲破恐惧不是一件一蹴而就的事情，你的安全感的产生需要你不断朝着害怕的地方前进，从而克服它。当你觉得自己“胆小”“自卑”“害怕”时，要给自己强暗示：“我可以的！”然后朝着反向标签“胆大”“自信”“无畏”的方向前进，汲取反向标签的力量。

种一棵树最好的时间是十年前，其次是现在。愿你冲破孤独，打破恐惧，收获幸福。

爱情的冲锋号为你吹响

往前一步是幸福，退后一步是孤独，原地踏步也会在爱情的道路上空空皆无。在找到所爱之人、寻觅终身伴侣的旅途中，总归还是少有完美的体验。而社交恐惧，则是困扰许多人的一大难以克服的困难，这往前一步的跨越，于“社恐人士”而言，是如此的艰难。

如果说经营一场好的恋爱需要双方共同的努力，那么抓住自己的爱情契机则更看重开端，那一份勇气和那一场精心策划。缺乏了这份追寻爱、抓住爱的勇气，连为自己喜欢的人准备一场精心策划的惊喜的机会都没有，这份藏在心底的或独自欢喜，或彼此满意的情感，也就沉溺在了一方又或是双方的沉默间，终是因为“社恐”而将爱情之花的种子永远埋藏在地下。独来独往的“隐形人”子轩，也是很多“社恐人士”的真实写照。活在自己熟悉的环境中或许给了他一时的安全感，却也扼杀了他更为广阔的机会，“社恐”到底还要让你沉默多久？在这个每个人都在极力彰显各自精彩和无可替代的时代，偏安一隅于自己的内心世界，终究会被人流挤在队尾，爱情，也当如此。

于“社恐人士”而言，或许欠缺的并非能力、外在、基础等，甚至或许命运给了“TA 们”一个很好的开局，让“TA 们”在人生的各段路途中平平顺顺，然而当遇到那个心底里心动的“TA”时，却终究沉没于自己的“恐惧交流”，这份几乎融入骨子里的“社恐”，终是掩盖了其他方面的色彩，让那个“TA”不知你的心意、让那个“TA”从你身边悄悄地溜走，留下“社恐人士”甚至松了一口气似的回应。如此这般，爱从何来？子轩在面对心上人时身体不自主逃离、夸张到“原地去世”的尴尬偶遇、在和心上人偶有交集时的心跳加速甚至手心出汗，大抵刻画出了相当一部分“社恐人士”的恋前状态，如此这般的“社恐”，或许对方早已看在眼里、了然在心，也早已给“子轩”打上了“拒绝”的标签。这份爱，终究不是“社恐人士”能够承受的。尝试改变、接纳勇敢，在循序渐进中慢慢回到追寻爱的道路上，或许是一个迫在眉睫的选项。

爱情有很多种开场，给所爱之人一份动心又大气的开端是一份胸怀和能力，也是表达内心所爱的不二法门。不要做唯唯诺诺的情感后进生，要在追寻“TA”的道路上勇敢为爱冲锋！

社恐式单身群体人格素描：一直在渴望爱与害怕爱中挣扎

社恐式单身群体，是指因为性格或生活经历造成的社交恐惧，从而影响正常恋爱交往的部分群体。他们常常因为羞涩、焦虑、担忧等社交情绪而错失良缘。

1. 我担心的是他人对自己的嫌弃

社恐式单身群体往往更愿意一个人面对自己，甚至喜欢在虚拟的世界里欢腾跳脱，而在现实世界里则表现得腼腆退缩，他们过分在意别人的评价，对自己有太多理想化的要求，如果自己在哪里表现不好就会耿耿于怀。所以即便有心动的人，他们也会表现得按兵不动，他们担心自己的言行会引起对方不好的想法，从而远离自己。他们一直在渴望爱与害怕爱中挣扎，不停地怀疑自己的价值：我值得拥有幸福吗？我有能力去爱别人吗？这些担心、忧虑使他们害怕被拒绝而选择不开启一段恋情。他们为想象的自我制定了一系列标准，而现实的自我往往无法达到这些标准，致使他们内疚自卑、自怨自艾，花尽力气对抗自己的这些“不完美”，结果走入恶性循环，越对抗越不接纳真我，产生了巨大的心理内耗。

2. 我想要的，我可以自给自足

还有一类社恐式单身，可能源于童年习惯与家庭自我循环，致使他们与外界交流较少，再加上网络时代的到来，一个人与世界的距离就是与手机的距离。对于一个成年人来说，当你足够全面地了解社会规则，对自己有清楚的认知，你就不会内心慌张地面对这个世界，因为现实世界绝对不是非黑即白，往往人的情感都落在起起落落之间。而孩童时期心智还未发育完全，如果在这个时期内心渴望的关注、需求未被满足或是行为不被肯定，就容易导致其对自我对社会的认知偏差。会表现出害怕被拒绝，不敢与人交往。所以成年后，他们犹如遁入空门、孤傲冷僻的隐居士，不乐于主动社交，认为所有需求都可以自我满足。这类人可能会在学习工作中有好的成绩，因为他们专注于自己做的事情，而在感情方面，却难以有所突破。

3. 我不想要的，选择隐遁

社恐式单身群体的恐惧，并不是因为现实境遇有多么的糟糕，而是他们想象的结果过于糟糕，这或许是源于过往的创伤经历，也或许源于性格。在交往过程中，他们会不断猜想：TA会不会觉得我很无趣，我可以带给 TA 什么，有朝一日 TA 会不会离开我。这些可能发生的糟糕情况，引起了他们内心的恐惧、担忧和焦虑，触发了他们的自我保护机制。为了不让想象中的糟糕情况发生，他们会有选择地屏蔽周围的部分社交，不知不觉为自己建造了一个桃花源。

社恐式单身群体心理图式：
**担心自己受到伤害，
也怕伤害到他人**

社恐成为一种现象级表征。人类发展到今天，电脑对人脑的模拟程度已经达到某种高度，但是人与人之间的交往、表达情感是社会功能的重要组成部分，近年来，随着电子媒体与个人网络的普及，很多人爱上“宅”生活，爱上“与自己相处的时光”，事实上，没有人天生社恐，因此社恐都是后天在社会生活中习得的。

1. 社恐是一种现象，背后的原因不尽相同，有的人“特定社恐”，比如，只对异性社恐，这通常与糟糕的过往经历相关；

有的人“总体社恐”，凡是与人接触的工作都想要回避；还有的人是“选择性社恐”，比如，对自己不喜欢、不擅长与之交流或者与其交往会令他不高兴的人选择逃避。在潜意识中，他们担心被嫌弃，因此选择不出现。这样既避免过多的心理损耗也维护了自己的自尊。

2. 凡是社恐的人，其实内心是对关系极度渴望的，因为拥有极度的渴望就会选择极度逃避，从认知层面理解关系的重要性比解决关系的策略更为优先。在意识层面，我们发现这类个体与他人关系联结的困难，我们总期待可以从关系联结的策略上教给社恐的人一些易学好用的方法，事实上，这些方法他们都懂。而在潜意识层面，恰恰他们认为一段关系无比重要才会更担心在关系中的纠葛甚至交错，担心自己受到伤害，也怕伤害到他人，因此不自觉地采取回避的态度。

3. 在婚恋关系上选择性社恐的人，往往会有过往情感关系中被拒绝、被冷淡、被抛弃、被嫌弃的经历，这种不舒服的心理体验会牢牢地记在他们心中，其认知图式更倾向于人际关系的负性体验与加工，这样负性认知形成的刻板印象会直接影响现实判断。

4. 自体感的不丰满。社恐的人对自我概念、自我形象、自我评估等都无法维持在稳定状态中，他们会非常在意自己的感受，既担心倾心付出时被辜负，不愿意在恋爱场所不自觉地讨好他人；也担心在恋爱场所被拒绝的尴尬，极易在避免攻击他人而回避与自我攻击之间来回切换。

值得推荐的做法是：对自己有一个稳定的自我认知，可以向前一步进行亲密关系的探索，然后从与他人的关系中获得正向的反馈，形成更加丰满的自我认知，这样的自我突破需要从潜意识启动而非意识层面获得。

社恐式单身群体的社交局限：
一个高冷的皮囊中藏了一个孤独的灵魂

单身久了，社恐式单身群体会慢慢发现自己在面对陌生异性时，想接触但又不知道怎么去搭讪，久而久之再遇见异性就想要快速逃离。

社恐式单身群体可能是一个高冷的皮囊中藏了一个孤独的灵魂，错误地或者片面地自认为“社交恐惧症”，其实这本质上是对于社交的抵触，主要源于我们对人的不信任、自身的焦虑及不安全感：无论在什么地方都会害怕遇见熟人，与对方打不打招呼都会觉得很尴尬；无论一个人走在哪里，总觉得有人在盯着自己看；害怕主动和人说话，一说话就会脸红；无论在什么场所，都会选择待在没人注意到的角落；不喜欢参加各类饭局，不喜欢新的环境。

因社恐而单身的群体，总是敏感又多疑、胆小又怯懦，总是想要开始又害怕受伤，总是憧憬着爱情却在爱情面前毫不犹豫地逃离。或许这样确实规避了许多伤害，可是也会在无形中错过了许多可能不错的人：朋友聚会、公司聚餐、朋友刻意安排的“相亲局”，全部拒绝；坚决不给自己机会去认识异性朋友，坚决不给他人机会进入自己的生活，还会认为这样的聚会特别无聊，总以为自己可以遇到那个和自己心意相通的人。

还有很多社恐的单身群体，开导别人时总是一套一套的，道理都懂，就是劝不了自己。在网上聊天时，和朋友聊天时，说得头头是道，不亦乐乎。可是当真正在现实生活中面对异性时，他们却假装高冷，一句话也不说，恨不得表现得就像不存在一般。但是往往这样，会丢失许多和不错的异性交流交往的机会。

只是，无论是你喜欢的那个人，抑或是喜欢你的那个人，首先都需要相识，都需要机会了解，而不是什么也不说什么也不做地空等着，爱情也绝不是等来的，如果你认为有，那绝对是某个人处心积虑的接近。

顾城说："你害怕结束，所以拒绝一切开始！"所以，社恐人可以尝试给自己机会去认识新的人，给他人机会走近你、认识你、了解你、熟悉你，只有这样，才有机会遇到那个你喜欢的，刚好也喜欢你的人。

社恐式单身群体突围：从自己封闭的心中走出去

1. 分析自身的焦虑与恐惧

事实上，“社恐”这个词是一个笼统的概念，它包含了无数方面，对应到具体的人身上又是不一样的情况。你需要想明白，自己是在焦虑和恐惧什么？对普通的社交场合，自己就会感觉恐慌，还是仅限于在异性面前放不开自我，这两种情况虽然都被称作“社恐”，但性质却是不同的，明白了自己的社恐类型后“对症下药”，可能会收获更好的结果。然后，你需要想明白自己恐惧的原因是什么，是发自内心的不喜欢与人交往？还是内心深处的自卑心理在作怪？梳理原因并积极地寻找对策，让“社恐状态”无法滋延蔓长。

2. 积极进行心理暗示，与恐惧一点点和解

因为不喜欢与人交往，或是对自己的信心不足，所以社恐。又因为社恐，所以更加讨厌与人交往，自信心也逐渐下降。陷入这样的闭环不仅不利于脱单，时间久了，对我们的身心健康发展也会产生不利的影响。不要将“我是社恐人”这样的思想刻在脑海，要给予自己积极的心理暗示，从自己封闭的心中走出去，学会融入人群，逐渐打开心结后，与人交往就会变得自然。

3. 寻找自身优势尽情展示

社恐人群大多有一个优势，就是心思细腻。正因为社恐式人群不擅长说话，因此比起说，他们更多的是在看，这样善于观察的生活习惯使得社恐式人群的共情能力比较强。在与异性相处时，不妨将自身的这种优势利用出来，通过细节展示自身魅力。有时候，不经意的小事更容易打动人心。

最适合社恐式单身的你的 TA 是谁

那个看起来慢热的 TA，

却有着不可动摇的耐心，安静地等待着你。

这个人也许很平凡，但人格极其稳定，

TA 会带给你高度的安全感。

当降落伞打开时，风景才会在你面前有最好的展示。

在爱的保护伞下，你会感觉到自在与安全。

此刻，爱情的花慢慢绽放。

你的敏感与自尊本身便是独特的魅力，

自然会吸引懂你的人。

你只需要做的是，

打开自己，

向前一步，

幸福就在前方。

社恐式单身影视剧推荐——《壁花少年》

《壁花少年》是根据同名小说改编，由斯蒂芬·卓博斯基执导，由罗根·勒曼、艾玛·沃特森和埃兹拉·米勒等领衔主演的剧情片。影片讲述了一个孤独的少年在自我世界寻找出口的故事，细腻地剖析了青春期男孩在性和生命价值等方面的困惑。

片中的主人公查理学业出众，但无法和他人打成一片，不管是什么样的交际场合，他永远是那个像壁花一样坐一旁默默注视着一切的局外人。内向又自闭的他只能通过书信和虚拟的“朋友”沟通内心的想法，这样一个从高中开学第一天就默默倒计时逃离高中地狱的人，一个数次在英语课堂上知晓答案但从不愿主动举手回答的人，一个被同学辱骂并抢走作业的人，一个在说话前会狠狠咽下口水、眼神局促不安的人，却幸运地遇到了和蔼的英语老师和善良的高年级兄妹帕特里克和珊。那个总是习惯站在角落的少年，开始逐渐懂得，你不只需要围观，还需要参与进去，才能体会到真实的快乐。帕特里克会在派对上举起他的手，向所有人介绍他是个值得结交的新朋友，珊会和他讨论着品味相投的音乐并放肆地站在车上享受隧道里飞驰的青春。慢慢地，查理有了一起吃午饭的伙伴，他们能在派对上喝多之后自如地讲着段子，能在看朋友戏剧表演时和观众一起欢呼，能在英语课堂上勇敢地表达自我想法，查理发现自己好像不再需要和那个虚拟的“朋友”写信了。

随着相处的逐渐深入，查理喜欢上了美丽善良的珊，但是珊已经有了男朋友，爱慕珊的查理只能以朋友的身份关心帮助她，甚至帮助珊考上了她梦寐以求的大学。此时，面对另一个主动出击的女孩玛丽，查理并没有拒绝，可尽管玛丽是一个很不错的朋友，但是作为恋人，查理没法真正爱上玛丽，抑或是，在他心中，珊才是那个不可替代的人。此时的查理是无助的，社恐的毛病仿佛在亲密关系中又被无限放大，对于玛丽无间断的电话、过度追求亲密的相处模式，查理选择把这些反感咽在肚子里。青春的“狗血”也在于此，查理在一次“真心话大冒险”的游戏中被要求亲吻他认为在场最漂亮的女生时，他毫不犹豫地亲吻了珊，在毕业季，查理和珊也终于向彼此表露了内心的想法。当珊问查理：“为什么从来不约我出去？你所希望的是什么？”查理回答道：“我只是觉得你不需要我约你出去，我只希望你幸福。”可是对于珊而言，她需要的不是查理傻傻地坐在那儿不动，最伟大的爱情不是先考虑别人再考虑自己，而是需要有生命力的表达，毕竟谁也不想做被暗恋的对象。

单身模式画像 9——虚拟式单身

1. 我爱的是完美偶像在我心中的映射；
2. 我的爱情是一场梦，可是我长梦不醒；
3. 我幻想自己可以遇到偶像那样的人，可我总是失望；
4. 我特别担心偶像人设的坍塌。

第 9 章

虚拟式单身

虚拟式单身群体容易陷入情感的
自我感动、自我循证、自我说服中。

"为什么要喜欢一个那么遥远的人啊？"
"因为 TA 在发光啊。"

案例：无法触碰的爱

出生在高知分子家庭的佳佳是一个知书达理的女孩，她在父母无微不至的照顾和庇护下长大，但她的生活每时每刻都充满了极致严苛的“生活纲领”。从就业、择偶甚至到买房，父母仿佛成了她生活的主人。也许是生活在这样一种“不真实”中，佳佳的现实感很弱，她在每次工作单位的部门聚会中都会默默地选择坐在角落的位置，她讲的每一句话都让人无可挑剔，无论何时她总是保持着最端庄的微笑。然而，这样“规矩”的女孩背后却有另一种身份——“狂热的追星族”，在微信上，佳佳一年也发不了一条朋友圈，但在微博上，佳佳却每天定时定点为偶像“打 call”。从大学开始，佳佳就瞒着父母一次又一次地坐上飞机和高铁，辗转各大城市，就业后，佳佳甚至可以通宵不睡后回来继续工作，而这一切，只为看一场三小时的演唱会。

“你有没有爱过一个遥远的人，他从来都不让你失望。他是你的勇气和力量，他永远是年轻的、美好的、光芒万丈的。他永远在那里，好像信仰一样。”“我有时候觉得追星的感觉真的很像谈恋爱，为 TA 日夜‘打 call’，如果这都不叫爱情，那什么叫爱情？”有些时候，佳佳会恍惚认为，自己好像就是舞台上那个人的另一半，聚光灯也只照着他们两个人，仿佛这一场盛大的演出只为她而来。像许多追星的女孩子一样，有时候看着身边熟睡的、不修边幅的男朋友俊豪，她也会陷入“我到底需不需要恋爱”的困惑中……俊豪和佳佳是大学同学，毕业工作稳定之后，双方就见了家长订了婚，不出意外今年年底就要结婚了。俊豪知道佳佳是狂热的追星族，虽然对于女朋友喜欢男明星这件事有些介怀，但俊豪还是帮她瞒住了家人，平时也会帮佳佳抢演唱会门票，但今年发生的一件事，却让他们的关系走向了破裂。不知从何时开始，粉丝团中悄悄开始流行穿婚纱去看偶像演唱会，在粉丝团的鼓动之下，佳佳也买了件婚纱准备穿着去看演唱会。正当她兴奋地对俊豪说着这件事时，一向支持她的男朋友却大发雷霆："我是你的男朋友，我们是见了家长订了婚的，婚姻对我来说一辈子只有一次，我承认你穿上婚纱很漂亮，但我希望你第一次穿婚纱是为了我！"佳佳不理解，想到舞台上闪闪发光的偶像，又想到平时不修边幅的男朋友，她甩下一句："关你什么事！"然后跑开了。

俊豪气不过，向佳佳提出了分手，事情就自然而然地闹到了父母那里，佳佳的父母对一向乖巧的女儿竟做出这样"叛逆"的事而感到难以置信，要求她向俊豪道歉，佳佳却觉得这件事没什么不对。佳佳甚至觉得他们的婚姻本来就不般配，觉得俊豪哪里都比不上舞台上的那个人，她这辈子就算"孤独终老"也无所谓。佳佳的闺蜜认为虚拟与现实总是要分开的，劝她赶快道歉。可是佳佳仿佛被下了魔咒一般，坚决不低头，觉得追星是她活着的唯一

“证明”。直到有一天，佳佳在微博热搜上震惊地发现——她的偶像与一位女性的亲密照，她觉得两眼一黑，仿佛这些年的坚持都是笑话，佳佳终于发现了自己眼中的“真爱”其实是一种假象，最后会让自己遍体鳞伤。

爱是虚无缥缈，还是触手可及

正如植物需要吸收阳光才能茁壮生长，爱情也是需要有阳光滋养的。有这么一类群体，他们信奉着“我远远地看着他就够了”“有偶像就有爱情”的理念，遥不可及的 TA 是他们生活的全部，但是走入阳光下，当感情被看完演唱会后的失落填补，爱，还是那份理想的爱吗？对于虚拟式单身的人而言，最需要区分的就是虚拟和现实。

很多虚拟式单身的人都离不开他们自己的“精神支柱”——那些虚无缥缈而又无法割舍的“星星”。案例里的主人公佳佳从小到大都住在父母搭建的“城堡”里，追星可能是她自认为最“叛逆”的事，她的价值观和是非观还不是那么成熟，人生阅历也很狭窄。追星以后，她发现自己暗淡的生活照进了一丝光亮，她，也是可以成为她自己的。可以说，她几近疯狂地追星，是对自己可能被束缚的人生的一种逃避。

从案例里我们发现，佳佳疯狂地追星，一方面是因为自己被父母保护得太好，没有体验过“叛逆”的感觉；另一方面，恰恰是偶像的“完美”，让俊豪在她眼里黯然失色。佳佳真的不知道追星往往是在追寻一种幻象吗？她一定是知道的，但是她还是沉迷了，一方面是对于佳佳这样的年轻女孩来说，她们很难抵挡得住偶像的魅力，这便导致其他人在她眼中黯然失色；还有一方面是追星给她带来的体验感，是她平淡生活的调剂品。

佳佳这样的姑娘让人恨不起来，因为她没有攻击性，没有害人的心思。虚拟式单身的人，可能是因为人格的不完善，像佳佳一样，追星至上，对于其他事情没有主见，习惯了被安排。你一直在单向奔赴，但那个舞台上的“他”真的会垂青于你吗？

亲爱的姑娘，愿每一个你都能和心上人，脚踏实地，谈一场看得见、摸得着的恋爱。

蜂蜜虽甜，但生活也需要面包

虚拟式单身这条路上的那个“她”，或许正沉溺于偶像的完美而无法自拔，或许正经历着物质贫瘠的痛苦，或许正被平平无奇的自己所困扰，又或许对于身边“不完美”的人无法忍受。面对舞台上耀眼的偶像，“她”终究是无法挣脱，败给了残酷的现实和破灭的美梦，也就此将自己拖入了无望爱情的深渊。

对虚拟爱情的期待是对现实的反抗。在爱情或是生活里，或平淡，或不堪重负的“她”，仿佛内心深处总在期待着什么，当这份“她”期待的感觉涌入内心，“她”便会被眼前的一切蒙蔽。

爱情不是一个人的独角戏。在这个今日不知明日事的时代，能够将自己的爱付出给偶像也是一种能力，然而这份虚无缥缈的爱也因为“她”在不经意间被舞台上的光鲜亮丽遮蔽双眼，而变得不理智且脆弱易碎。可能“她”在自己创造的虚拟世界里，真的一时看不清到底什么是真、什么是假吧，然而却不得不承认，自我欺骗才是无法抽身的关键因素！爱情对“她”而言可能是渴望的、不受拘束的，而“她”的情感也因此处于不知所终、不知所往的虚浮状态！在虚拟式单身的这条道路上，爱“她”的那个“他”或许会在暗夜里叹息：“我该拿什么拯救你，我的爱人！”或许“她”也没有意识到，当这条路走到终点，最终自己会失去爱人的能力。而“她”在途中遇到的一个个偶像，也只不过是被包装得完美无瑕的普通人。

长久的爱情不仅需要蜂蜜，也需要能够填饱肚子的面包。走进婚姻的殿堂或许不能代表彼此是一生所爱，但却是彼此相互携手一生的勇气与承诺。长久的感情面对的将不再是年少青春时代的疯狂与热烈，两人间的爱情终究会走向静水流深。生活中琐碎的方方面面不断袭击着“她”，身心俱疲的“她”或许很需要爱人的深情一吻或拥抱。然而给她蜂蜜的那个偶像，却永远不会为她提供面包。当生活长久阴雨连绵，偶然出现的阳光当然会被“她”视若珍宝。面对这一切，“她”或许最终选择虚无缥缈的疯狂，情感的疲惫最终将她拖入无望的期待，逐渐迷失在无解的迷宫之中。

“她”的世界里永远不会缺少偶像的光环，甚至一周就可以更换一次偶像，然而“她”却只是被光鲜与华丽蒙蔽了双眼。拒绝这耀眼却伤人的“光环”需要自己的判断与选择，合理的判断来源于自身，而坚定的选择或许需要“他”的给予。爱情的样子从来不是完美无瑕的，生活里也不是仅仅只有面包。

虚拟式单身群体人格素描：
梦里的生活过于梦幻，
一时不能果断脱离

虚拟式单身群体，他们也许认为自己有恋人，但实际上这样的爱是水中月镜中花，终究会幻灭。这样的选择可以被看作是他们逃避现实的一种做法，但实际上，虚拟式单身，是主动选择，也是性格使然。

1. 恋爱经验不足，错把仰慕当真爱

虚拟式单身群体的生活可能缺少一些波澜。就连恋爱也是

听从家里的安排，缺少从相识到相知到相恋的实战经验。从作为粉丝单方面的相识，到线下追星后产生的依恋和虚无感，尽管佳佳知道这种不存在的爱恋是自己想象出来的，却依然将这种“爱恋”当作真实，偶像的一颦一笑都能激起她心中的万丈浪花。可是，这样也会导致在面对现实生活中的普通恋爱时，他们会觉得自己真正的另一半黯然失色，这段感情索然无味。他们痴迷于这种状态，享受着这虚无缥缈的“爱情”。

2. 内心的执念把贪欲当爱情

虚拟式单身群体生命中缺乏能带给他们高情绪价值的人，这个人一旦出现，他们便会无条件地相信对方。从佳佳的身上我们可以看到，严格的家教、无微不至的照顾，令她难以体会到生活的艰辛，她缺少许多新鲜快乐的生活体验。而在开始追星之后，佳佳觉得自己的存在就是为了舞台上的那个他，自己的价值被肯定，体验到了前所未有的疯狂感觉。她以为这种感觉就是爱情，殊不知这是她心理不成熟的表现，是单向奔赴的幻影。当偶像满足了她对理想爱情的向往，她便错把与偶像的联结当作爱情。正如茨威格传记中写道的那句话：“她那时候还太年轻，不知道所有命运赠送的礼物，早已在暗中标好了价格。”不在欲海浮沉中随波逐流，才能有效避免自己进入这样一段虚拟恋爱中。

3. 对情感上瘾式依恋

虚拟式单身群体的人生可能如同藤蔓一般，缺乏清晰的规划和方向感，很难把握自己的人生轨迹，遇到大风大浪时倾向于依附他人。他们的口头禅往往是“走一步看一步”，也经常把“以后再说吧”挂在嘴边，显然他们不够独立，方向和目标不明确，对未来的规划思考不足。对于他们来说，当生活中出现一个“大英雄”时，他们很容易产生依赖情结，让他们感觉自己好像拥有了什么并把这视为真爱供奉。

虚拟式单身群体心理图式：
在自己编织的爱的谎言中自我沉醉

虚拟式单身群体往往对爱情有着完美的想象，他们认为自己在现实生活中体验到的情感没有想象中的完美，当遇到有“完美人设”的偶像时，他们很容易陷入自我感动、自我循证、自我说服，不自觉地掉入“饭圈”中，而且可能会为自己暗暗地加戏码，比如，歌星唱的每一首歌都是只为自己而作，影视明星的每一个角色可能是为自己设定的，等等。而且他们总是相信有一天自己会被偶像看见。

首先，这类个体的自我价值需要他人的确定。通常而言，内心具有极强自我价值的人不太容易被情感控制，因为他们有足够的力量应对生活中的情感伤害。但虚拟式单身群体不同，他们潜意识里认为："只有爱你，我才有活着的实感；如果这最后一点爱都被剥夺，那我的存在也没有必要。"

其次，这类个体人格不够独立，要么过于单纯，要么过于偏执。特别是在感情上，这类个体也许过往感情经验相对较少，而且缺乏积极体验与成就感。他们在现实中找不到理想的另一半，当明星出现在自己的生活里，通过一次次的追星活动，他们便认定这个人就是自己心中最理想的人。也许是过去的感情带给这类个体的挫折感导致他们对现实感情不抱幻想，以至于他们在追星的过程中，把自己的情感全部投入其中，无法从想象的爱恋中走出来，从偶像身上汲取无穷动力，想象自己的完美情感就在身边。

最后，把幻想当现实，会慢慢混淆现实与想象，仿佛自己感受到了满满的爱。对他们来说，偶像的每一句话都是心理的支持，每一次面对面都是心灵的慰藉，这样的生活会让他们沉入其中，会让他们体验到幸福感，认为偶像一直是自己心中的太阳。

虚拟式单身群体的社交局限：
缺乏爱情经验的人往往容易掉入情感陷阱

对于现实爱情经验的认知偏向于完美这件事会使他们陷入想象爱情中，而偶像的出现正好满足了他们的心理需求。因此，要从想象回到现实，需要的是积极的自我认知、主动的社会交往、用心的自我成长。

1. 积极的自我认知

这里指的是通过与异性交往而获得的积极认知，如果在更近一层的亲密关系中被认可、被接纳，被给予积极的真实的正反馈，这样慢慢地内在自我认识会逐渐增强，内心真正强大了，自己闪闪发光了，才会活成光源活成自己期待的样子，真爱自然而然就会来。其中，需要自我觉察、自我反思，反观自我，懂得自己内心的需要。

2. 主动的社会交往

在我们的社会交往面扩大后，我们的认知会在不自觉中提升，充分社会化后会有千帆过尽的透彻，能够理性追星，不把偶像当恋人。积极参加组织的团建与集体活动，在活动中增长见识与智慧，在日常生活中观察了解人，透过现象看本质，特别是对额外的示好，多问几个“为什么、凭什么、是什么”，他为什么如此待我？交浅言深值得怀疑。我凭什么值得接受对方的示好？这样的评估会让我们更加理性清晰。

3. 用心的自我成长

所有的成长都是有代价的，没有人的成长是不带痛苦的体验的。从这个意义上讲，爱不一定是试金石但可以是试错的实验室，不要因为害怕在亲密关系中犯错就放弃尝试，当我们尝到带着毒素的甜蜜时要有壮士断腕的决心。这一点对于身陷虚拟感情旋涡中的人而言，虽然非常不容易，但是一定要记得：在任何时候，我们都拥有选择权。

虚拟式单身群体突围：
不要丧失爱自己的能力

1. 对虚拟爱情说“不”

这世界上没有哪一种爱情，值得我们失去自我，更不用说追星这种虚无缥缈的爱了。能够及时在虚拟爱情中全身而退，是我们需要学习的。正如人生的酸甜苦辣，恋爱有甜蜜，就必然会有酸涩。

因此，对于处在这种感情状态中的虚拟式单身群体而言，对偶像的迷恋及时说“不”会让你有机会获得自我成长，更多地拓展交友边界，与更多的人交往，获得人际交往的技能，提高知人识人的能力，划清自我边界，从对偶像无限美好的想象恋爱中走出来，与现实的人产生联结，慢慢地在现实生活中尝试谈情说爱，并且让自己的爱情之花落地结果。

2. 爱自己的能力，是人生中最宝贵的财富

世界上最糟糕的事情不是没有足够的爱，而是我们丧失了爱自己的能力。想获得爱，一方面，要有被爱的经历和感觉，而这种体会来自爱自己本身。你首先要知道自己是谁，自己想要成为什么样的人，知道什么才能满足自己最深刻的需求和渴望。另一方面，爱情需要付出，你只有懂得爱自己之后，才会懂得如何付出。清楚了这些，才能真正体会到，你想要什么样的爱情，在亲密关系中你又应该扮演什么样的角色。如果还没有学会爱自己就去爱上他人，很有可能如蜡烛般照耀他人而牺牲自己。

3. 纠错也是一种能力

香奈儿曾说过：“自由是一种让人恐慌的礼物，可是一旦你

真正愿意去扛起自己的命运，自由就变成了你的空气、你的呼吸。”对于沉浸在对偶像的无限爱恋中的你来说，发现自己感情中存在的问题，并即时纠错并非一件容易的事情，它需要果断，需要勇敢，需要冷静，说到底，需要的是你在纠错后对于自我心态的调整，拥有能够给自己建立一个独立的富足的精神世界的能力。或许对自我迷醉的感情进行纠错的初期会让你感到恐慌，但是请相信自己的能力，纠错造成的痛苦会随着你的努力慢慢淡去，自由终将会成为你的氧气。脱离对偶像的单纯臆想，把自己的双脚扎实地踩在现实的大地上，你会安稳而且自在。

最适合虚拟式单身的你的 TA 是谁

TA 的心理年龄比你大，

是一个拥有成熟型人格的人，

TA 会用时间等待你成长。

你需要长一双慧眼，

然后紧握 TA 的手，一直向前走。

当你的偶像成为白月光，

你的心都飘浮在想象的完美中。

当你的脚踩在扎实的大地上，

放下幻想，卸下滤镜，

真实的爱，

会让你感到安稳而扎实。

虚拟式单身影视剧推荐——《午夜巴黎》

《午夜巴黎》是 2011 年由伍迪·艾伦编剧并执导，欧文·威尔逊、瑞秋·麦克亚当斯、玛丽昂·歌迪亚等联袂主演的一部以法国巴黎为背景的浪漫喜剧和奇幻电影。该影片表现的主题是怀旧情绪、现代主义和存在主义，讲述了一个年轻人对巴黎的热爱，同时也阐释了一种夸张的幻觉，那就是，别人的生活总是比自己的生活过得好，因为这种幻觉而产生了生活上的矛盾与不安。

吉尔携未婚妻伊内兹陪着岳父岳母来巴黎度假。他希望留在巴黎完成自己的第一部小说，但是伊内兹及其父母坚决反对。在一次用餐时，伊内兹遇到了昔日同学保罗夫妇，他们一同出游。保罗到处卖弄，跟导游喋喋不休，令吉尔反感不已。午夜时分，当吉尔在巴黎的街上无聊地闲逛时，一辆复古小汽车忽然出现在眼前，这时他还不知道，通往梦想中黄金时代的门向自己敞开了，就像那辆载着灰姑娘去参加舞会的南瓜车一样。车上的人们不由分说，拉上吉尔奔向了一场神秘的聚会……

聚会上，吉尔简直不敢相信自己的眼睛，自己万般敬仰的、已经过世的大师们，此时此刻竟然出现在眼前，甚至还与自己交谈了起来。更为“罗曼蒂克”的是，他与阿德里亚娜擦出了爱情的火花，她是大画家莫迪里阿尼、毕加索的缪斯兼情人，举手投足间的魅力，让吉尔分分钟爱她爱得无法自拔。回头想到自己毫无文学细胞的未婚妻伊内兹，吉尔觉得阿德里亚娜才是自己的“真命天女”。然而，这份在吉尔看来完美的爱情，在吉尔与阿德里亚娜表白之后，却发生了转折。两个人在 19 世纪 20 年代的街头再次穿越，乘坐那辆神秘的复古小汽车来到了 19 世纪末，这里有复古的舞蹈，还有后印象派的艺术大师，此时被称为巴黎的“美好时代”，而这，也是阿德里亚娜心中最好的时代。尽管阿德里亚娜生活在吉尔心中的黄金时代，但她却不觉得自己的时代有多么美好，在她眼里，19 世纪 20 年代浮躁又无聊，就像吉尔心中的 21 世纪一样。

最终，在两个人观点的猛烈冲击之下，吉尔逐渐明白：也许不存在一个真正的最好的时代，每个时代都有自己的弊病，是时间的滤镜让人们为过去附上一层神秘的面纱，认为那些已经过去的时代才是更好的时代。阿德里亚娜却执意留在了她最爱的 19 世纪末，留在她心中巴黎最美好的时代生活。而经历了数次穿越的吉尔，最终也回到了 21 世纪的现实生活之中，与阿德里亚娜就此分道扬镳。吉尔回到了现实世界，这一切仿佛只是自己的一场盛大梦境，吉尔终于下定决心抛弃幻想，认真完成自己的小说创作。你看，人与人相识的最初永远都是美好的，心中完美的、舞台上的那个 TA，也只是一个会犯错、会令你失望的普通人，那些被你看腻了的风景、过腻了的生活，也许是别人心中求之不得的黄金岁月。所以，珍惜当下吧。